山西省 纺织类

经典非物质文化遗产

赵宏／主编

中国纺织出版社有限公司

内 容 提 要

　　纺织类非物质文化遗产作为中国传统文化的精髓，不仅是技艺的传承，更重要的是所承载的文化内涵的延续。本书选取了山西省具有代表性的八个纺织类非遗项目：布老虎（黎侯虎）、堆锦（上党堆锦）、民间绣活（高平绣活）、蚕丝织造技艺（潞绸织造技艺）、传统棉纺织技艺（惠畅土布制作技艺）、传统棉纺织技艺（襄子老粗布织造技艺）、民间绣活（武氏绣法）、民间绣活（娄烦刺绣），从起源与发展、风俗趣事、制作材料与工具、制作工艺与技法、工艺特征与纹样、作品赏析、传承人专访等方面进行了全面介绍。

　　本书可供纺织服装专业、经管类专业及艺术类专业学生学习使用，也可为纺织类非物质文化遗产保护领域的实践工作者和理论研究人员提供参考。

图书在版编目（CIP）数据

　　山西省纺织类经典非物质文化遗产 / 赵宏主编 .
北京：中国纺织出版社有限公司，2025.6 .—— ISBN
978-7-5229-2470-0

　　Ⅰ．F426.81

　　中国国家版本馆 CIP 数据核字第 20250QU774 号

SHANXI SHENG FANGZHI LEI JINGDIAN
FEIWUZHI WENHUA YICHAN

责任编辑：朱利锋　　责任校对：高　涵　　责任印制：王艳丽

中国纺织出版社有限公司出版发行
地址：北京市朝阳区百子湾东里A407号楼　邮政编码：100124
销售电话：010—67004422　传真：010—87155801
http://www.c-textilep.com
中国纺织出版社天猫旗舰店
官方微博 http://weibo.com/2119887771
北京华联印刷有限公司印刷　各地新华书店经销
2025年6月第1版第1次印刷
开本：787×1092　1/16　印张：14
字数：250千字　定价：128.00元

前　言

　　习近平总书记在党的二十大报告中指出："坚持创造性转化、创新性发展，以社会主义核心价值观为引领，发展社会主义先进文化，弘扬革命文化，传承中华优秀传统文化，满足人民日益增长的精神文化需求。"纺织类非物质文化遗产（以下简称"纺织类非遗"）作为中国传统文化的精髓，不仅是技艺传承，更重要的是所承载的文化内涵的延续，其传承发展对于深入挖掘中华优秀传统文化，培养民族自信，提升纺织产业历史、文化、社会、经济等价值，建设纺织强国具有重要意义。

　　本编写团队以纺织类非遗的研究及知识普及为使命，积累了大量的文字、图片、视频等资料，先后推出了河南省、山东省、东北三省、陕西省、内蒙古自治区等区域纺织类经典非物质文化遗产系列书籍。

　　本书选取了山西省具有代表性的八个纺织类非遗项目：布老虎（黎侯虎）、堆锦（上党堆锦）、民间绣活（高平绣活）、蚕丝织造技艺（潞绸织造技艺）、传统棉纺织技艺（惠畅土布制作技艺）、传统棉纺织技艺（襄子老粗布织造技艺）、民间绣活（武氏绣法）、民间绣活（娄烦刺绣），通过与传承人面对面地请教、交流、谈心，取得了第一手资料，通过对每一个代表性项目的起源与发展、风俗趣事、制作材料与工具、制作工艺与技法、工艺特征与纹样、作品赏析、传承人专访等方面的介绍，为读者系统、全面地了解山西省纺织类非物质文化遗产提供了翔实的资料。

　　在本书的写作过程中，我们阅读、参考了相关学者、传承人等撰写的有关资料，文中多数图片、资料来自我们的实地调研，也有部分资料来自非物质文化遗产网等网络资源。在此，我们对所采访的传承人，对所阅读、参考的有关资料的作者表示诚挚的感谢。本书所用图片除另有说明外均由作者拍摄或由相应传承人提供。

本书由天津财经大学赵宏教授主编，天津财经大学马银隆（参编第四章和第七章）、付警安（参编第三章）、杜兰兰（参编第五章），以及天津工业大学李笑言（参编第一章和第六章）、刘宇（参编第二章）、王书琛（参编第八章）、马涛（参编第八章）等同志参与了本书的编写工作。

本书是国家社科基金艺术学一般项目"织锦类非物质文化遗产基因谱系构建及创新应用研究"（项目编号：23BH157）的阶段性研究成果。

由于纺织类非遗的保护正在不断深入，加上编者水平所限，书中难免存在不尽完善之处，恳请广大读者批评指正。

赵宏

2025年3月

山西省纺织类经典非物质文化遗产

目 录

第一章

布老虎（黎侯虎）

黎侯虎是起源于山西省黎城县的民间老虎布艺，因黎城古称"黎侯"，故名"黎侯虎"。黎侯虎以昂首直立、憨态可掬的生动造型，充分展现了黎城人民在日常生活和社会活动中的地域民俗文化特色。2008年6月，布老虎（黎侯虎）经中华人民共和国国务院批准列入第二批国家级非物质文化遗产名录（表1-1、图1-1）。技艺传承人李小梅女士自幼跟随家中长辈学习黎侯虎的制作技艺，2012年1月，被山西省文化厅授予第三批山西省级非物质文化遗产项目代表性传承人（图1-2），2024年2月，进入文化和旅游部第六批国家级非物质文化遗产代表性传承人推荐人选名单。2025年3月，被中华人民共和国文化和旅游部认定为第六批国家级非物质文化遗产代表性传承人。

表1-1　项目简介

名录名称	布老虎（黎侯虎）
名录编号	Ⅶ-95
名录类别	传统美术
名录级别	国家级
申报单位或地区	山西省黎城县
传承代表人	李小梅

图1-1　布老虎（黎侯虎）国家级非物质文化遗产项目证书

图1-2　山西省级非物质文化遗产项目代表性传承人证书

第一节　起源与发展

一、布老虎（黎侯虎）的起源

　　黎城县历史文化底蕴丰厚，是2008年联合国地名专家组命名的"千年古县"。2006年，黎城县西关村西南塔坡水库一带西周古墓群的发掘，证实了黎城县是古黎侯国所在地。其中10号墓葬中出土了一枚商末周初的玉虎，距今约有2700年的历史。该枚玉虎为青白玉质地，以双勾阴线作虎皮肌理，双面雕刻臣字眼、月鼻、如意形耳、镂空花牙、虎爪如拳，呈现龇牙怒目、蓄势之姿（图1-3）。玉虎的出土表明，早在商周时期，黎城人即以虎为崇拜对象，虎形器在当时的社会生活中占有重要地位，是当时社会风俗与精神信仰的重要印证，这为黎城县由来已久的虎文化找到了源头。

图1-3　黎城县西周古墓群10号墓葬出土的玉虎

　　作为崇虎信仰相沿成俗的表征，黎城民间虎形器形态多样，常使用面塑、草编、剪纸、根雕、布艺等技艺制作。其中形态样式最为丰富、地域文化特色和民俗艺术价值最为突出的属世代传承的布老虎（黎侯虎）。黎城的农家妇女多擅女红，土生土长的黎城人，小时候大都穿过虎头鞋、戴过虎头帽（图1-4、图1-5）。而在新生儿过满月的仪式上，家家户户会给孩子枕边放一只布老虎，护佑孩子健康成长。黎侯虎的制作和使用广泛流传于黎城的黎侯镇、赵家山村、停河铺乡、东阳关镇、

图1-4　戴虎头帽的孩子与黎侯虎

（图片来源：笔者拍摄于黎侯虎博物馆）

图1-5　戴虎头帽的孩子们

（图片来源：笔者拍摄于黎侯虎博物馆）

黄崖洞镇等地，世代延续至今。

二、布老虎（黎侯虎）的发展

1998年（农历戊寅虎年），黎城县黎城镇谷驼村妇女高秋英制作的黎侯虎被国家邮电部选为虎年生肖邮票图案进行全国发行（图1-6、图1-7），自此黎侯虎走出了黎城，进入全国人民的视野。2008年，黎侯虎在北京奥运会期间作为指定民间工艺参展品在地坛公园展出。同年，黎侯虎被列入第二批国家级非物质文化遗产代表性项目名录、山西省第一批省级非物质文化遗产代表性项目名录、长治市第一批市级非物质文化遗产代表性项目名录。2010年，黎侯虎被上海世博会指定为馈赠贵宾礼品。此后，黎侯虎多次参加中国非物质文化遗产生产性保护成果展、中国非物质文化遗产博览会等大型展会，获得了更为广泛的关注。

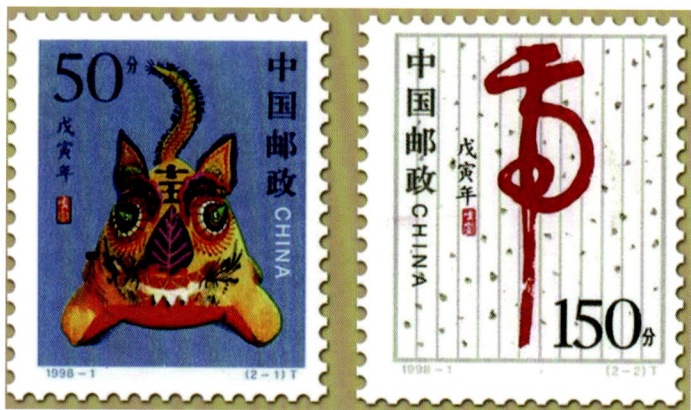

图1-6　1998年（农历戊寅虎年）国家邮电部发行的生肖邮票

图1-7　1998年（农历戊寅虎年）发行的邮封、邮折等生肖邮品

黎侯虎被选为虎年生肖邮票图案后，知名度越来越高，其制作与销售在黎城县悄然兴起。当时，黎城县妇联多次组织高秋英等几位早期缝制布老虎的妇女到各个乡镇授课，辅导更多的妇女学习制作方法。黎城县还产生了高秋英、靳苏英、杨爱英、王苏兰、杨苏娥、李小梅、申朝霞、王联霞、刘朝霞、霍利芝、赵利英、桑小平、李绘兰、郑雪娥、孔苏红、郑联霞、董彩霞等众多绣虎巧手。目前，黎侯虎的

国家级、省级、市级、县级代表性传承人共有6人（图1-8）。随着黎侯虎订单增多，相关部门出台优惠政策，鼓励农民成立各种合作组织。2000年前后，红石民间工艺有限公司、苏兰布艺有限公司、鸿宇农民种植专业合作社等相继成立，专门制作和销售黎侯虎，带动当地村民增收致富。当地妇女农闲时在家做的布老虎远销海内外，制作黎侯虎在黎城县逐渐成为农家妇女的一项家庭副业（图1-9）。

高秋英	李小梅	高秋英 李小梅	杨爱英 李有奇	赵丽英 吕志英	李小梅
2009年 山西省级 第二批 非遗传承人	2011年 山西省级 第三批 非遗传承人	2012年 长治市级 第一批 非遗传承人	2018年 长治市级 第四批 非遗传承人	2021年 黎城县级 第一批 非遗传承人	2025年 国家级 第六批 非遗传承人

图1-8 黎侯虎代表性传承人

图1-9 传承人李小梅（中）在母亲杨爱英（左）家里和村民一起制作
黎侯虎

图片来源：传承人李小梅提供（王利斌拍摄）

　　项目传承人李小梅出生于1971年9月，山西省黎城县黎侯镇桂花村人，从小跟随家中长辈学习制作黎侯虎。黎侯虎技艺传承谱系见表1-2。李小梅的姥姥王秋珍和母亲杨爱英都是十几岁就开始缝制布老虎，她们缝制的黎侯虎色彩艳丽、憨态可掬，在黎侯镇北桂花村一带颇有名气，邻里时常请她们帮忙缝制黎侯虎送给家中小辈，也不断有附近村里的人来向姥姥和母亲请教学习。母亲缝制黎侯虎时，父亲李有奇经常帮忙做裁布、填充等辅助工作，时间久了也逐渐掌握黎侯虎的制作技艺。受家庭熏陶，李小梅自小就对黎侯虎情有独钟，经过三十多年的历练，现已继承了黎侯虎制作这一家传技艺并积极授徒传艺（图1-10）。自2012年起，李小梅应黎城县文化馆邀请开设黎侯虎制作培训班，每年10期，每期50人，至今已培训学员超5000人。

表1-2　布老虎（黎侯虎）传承谱系

代别	姓名	性别	出生时间	传承方式
第一代	王秋珍	女	1925年	家族传承
第二代	杨爱英	女	1951年	家族传承
	李有奇	男	1950年	家族传承
第三代	李小梅	女	1971年	家族传承

图1-10　李小梅（中）和父亲李有奇（左）、母亲杨爱英（右）在黎城县
黎侯镇北桂花村

图片来源：传承人李小梅提供（傅亚斌拍摄）

2008年，李小梅协助父母联合附近18户村民，成立了黎城县红石民间工艺有限公司，投身于黎侯虎为代表的黎城民间工艺品的开发研制和生产销售。公司产品除了手工缝制的黎侯虎、绣花鞋垫、千层底布鞋外，还有小孩穿的虎头鞋、虎头帽等。通过"公司＋农户"的生产模式和"传、帮、带"的授艺方式，黎侯虎从黎城县的生活民俗物品向规模化、市场化和商品化的方向转变，也让黎城县的农家妇女在农闲时实现了居家就业，挣钱、务农两不误。红石民间工艺有限公司累计带动全县2000多户农民增加收入，得到各级文化部门的支持，并且获得专业的技术指导、政策扶持和资金帮助。该公司在2012年被评为山西省省级非物质文化遗产生产性保护示范基地（图1-11），在2015年被评为长治市创业创新优秀小微企业（图1-12），在2016年被评为长治市非物质文化遗产保护工作先进集体（图1-13），在2023年被评为山西省省级文化产业示范基地（工艺美术类）（图1-14）。

2019年6月，李小梅成立了黎城黎侯虎民俗文化传播有限公司，坚持传统黎侯虎制作的同时，与设计师合作推出黎侯虎创新产品，在淘宝、抖音、拼多多等平台开设店铺，线上线下同步销售。李小梅的黎侯虎制作工作室被中共山西省委统战部、山西省非遗保护促进会评为"非遗大师工作室"（图1-15），被山西省人力资源和社会保障厅评为"李小梅技能大师工作室"（图1-16）。

图1-11　省级非遗生产性保护示范基地

图1-12　长治市创业创新优秀小微企业

图1-13　长治市非遗保护工作先进集体

图1-14　山西省级文化产业示范基地

图1-15　非遗大师工作室

图1-16　技能大师工作室

为了更好地传承和推广黎侯虎，李小梅在制作技艺上精益求精的同时，多次进入高校进修学习理论知识，先后在山西大学、天津工业大学和天津大学完成文化部、教育部"中国非物质文化遗产传承人群研修研习培训计划"培训班学习，并在清华大学继续教育学院完成"文化产业经营管理能力提升培训班"学习，在中国人民大学继续教育学院完成"中国人民大学山西省新阶层人士高端研修班"学习（表1-3）。

表1-3　相关学习证书

获得时间	学习经历	颁发单位	证书展示
2015年11月	"文化产业经营管理能力提升"培训班	清华大学继续教育学院	
2016年12月	文化部、教育部"中国非物质文化遗产传承人群研修研习培训计划"培训班	山西大学	
2017年6月	文化部、教育部"中国非物质文化遗产传承人群研修研习培训计划"培训班	天津工业大学	
2018年6月	"长治市农村实用人才"培训班	中共长治市委人才工作领导组 长治市农经局	
2018年7月	文化和旅游部、教育部、人力资源和社会保障部"布老虎制作技艺"普及培训班	天津大学	
2018年11月	"中国人民大学山西省新阶层人士"高端研修班	中国人民大学经济学院 中国人民大学继续教育学院	

获得时间	学习经历	颁发单位	证书展示
2019年5月	文化和旅游部、教育部、人力资源和社会保障部"中国非物质文化遗产传承人群研修研习培训计划"研修班	天津工业大学	
2020年10月	"山西省新的社会阶层代表人士"培训班	上海交大教育集团干部教育学院	

　　此外，李小梅还多次应邀前往全国各地参加博览会、推介会进行黎侯虎的展演展示（表1-4），获得多项荣誉表彰（表1-5）；应邀前往长治学院、长治职业技术学院、临汾职业技术学院授课，向在校大学生展示黎侯虎的制作过程，并参加黎侯镇脱贫攻坚技能培训会，为长治市残疾人就业服务中心授课；也曾接受中央电视台《传承》《记忆中国》《今晚关注》等栏目专访，参与山西卫视虎年春节联欢晚会《山西好风光：2022山西新春大联欢》节目录制，通过媒体报道推广和传播黎侯虎。鉴于她对此技艺传承的卓越贡献，李小梅于2018年被授予"长治市工艺美术大师"称号；2019年入选山西省"三晋英才"支持计划拔尖骨干人才。

表1-4　参加相关活动证书

获得时间	活动名称	颁发单位	证书展示
2012年9月	全国非物质文化遗产展示会	全国非物质文化遗产展示会组委会	
2014年1月	中国非物质文化遗产年俗文化展示周	文化部非物质文化遗产司	
2020年10月	第六届中国非物质文化遗产博览会	第六届中国非物质文化遗产博览会组委会	

获得时间	活动名称	颁发单位	证书展示
2021年7月	"百年百艺·薪火相传"中国传统工艺邀请展	文化和旅游部非物质文化遗产司 上海市文化和旅游局	
2021年10月	第五届中国非物质文化遗产传统技艺大展	中国非物质文化遗产传统技艺大展组委会	

表1-5　项目相关荣誉证书

获得时间	荣誉名称	颁奖单位	证书展示
2011年4月	"2011中国（浙江）非物质文化遗产博览会"银奖	2011中国（浙江）非物质文化遗产博览会组委会	
2012年5月	"2012中国（浙江）非物质文化遗产博览会"优秀演示奖	中国义乌文化产品交易博览会执委会	
2012年11月	"首届中国（黄山）非物质文化遗产传统技艺大展"银奖	中国（黄山）非物质文化遗产传统技艺大展组委会	
2013年10月	"首届中国杭州亚太传统手工艺博览会"优秀展示奖	亚太传统手工艺博览会组委会办公室	
2014年12月	2014年度"十佳个人会员"	山西省非物质文化遗产保护促进会	

获得时间	荣誉名称	颁奖单位	证书展示
2015年9月	"山西文化产业博览交易会'神工杯'工艺美术精品奖"金奖	第二届山西文化产业博览交易会工艺美术专业委员会	
2018年7月	作品《吉祥如意虎》《青花瓷虎》《黎侯虎》被天津大学收藏	天津大学	
2018年12月	长治市工艺美术大师	长治市工艺美术大师评审委员会 长治市工艺美术学会	
2019年3月	2018年度山西省"三晋英才"支持计划拔尖骨干人才	中共山西省委人才工作领导小组	
2019年5月	作品《虎头枕》被天津工业大学艺术学院收藏	天津工业大学艺术学院	
2019年7月	"潞艺杯"工艺美术精品奖铜奖	长治文化产业周组委会 长治市工艺美术协会	

获得时间	荣誉名称	颁奖单位	证书展示
2019年8月	首届山西省文化旅游创意产品设计大赛入围奖	山西省文化和旅游厅	
2019年12月	"长治市第二届非物质文化遗产创意产品设计大赛"入围奖	长治市文化和旅游局 长治市非物质文化遗产保护中心	
2020年11月	"2020中国旅游商品大赛"入围奖	中国旅游协会	
2020年11月	人民网"人民优选"直播大赛（山西非遗专场）最具网络人气奖	人民网山西频道	
2021年5月	"长治市乡土文化能人技能暨文创大赛"三等奖	长治市文化和旅游局	

第二节　风俗趣事

一、寄托长辈美好希冀的"幸福虎"

"摸摸虎头，吃穿不愁。摸摸虎背，荣华富贵。"黎城县有给刚出生的孩子"望满月"的习俗，黎侯虎是必不可少的物件。当地老人常说，初生的孩子"日浅"，大意是生命还处于纤弱期，扎根尚不牢固。为了让新生的婴儿在黑夜不哭闹，在孩子过满月或者过百天的时候，姥姥或者奶奶会拿出亲手缝制的布老虎放入孩子怀中，祝福幼儿"从小有虎气，长大有胆识"。加上当地"虎"和"福"谐音，亲友在探望新生儿时，也会送一只布老虎，祝福孩子茁壮成长，幸福绵长。孩子母亲把黎侯虎放在孩子的身旁，虎头面向身体，寓意"虎佑幼子"，希望黎侯虎能护佑孩子健康成长。在黎城，无论豪门富户还是寻常百姓都有这个仪式，将长辈对晚辈的关爱和祝福蕴含在一针一线里，祖祖辈辈传下来。后来，黎城民间婚娶贺庆、老人祝寿、商户开业之时，黎侯虎都成了必备之品，被赋予赐福增寿、镇宅祛邪、安家生财等寓意，成为祝贺喜庆、馈赠亲友的最佳礼物流传至今，深深植根于黎城人的生活中。

二、虎年生肖邮票成就的"致富虎"

1996年，黎城县赵家山村谷驼自然庄的高秋英与同村的靳苏英、申朝霞三人的女儿都怀孕了，像她们的长辈那样，她们张罗着给即将出生的外孙做个布老虎当礼物。时任黎城县邮电局局长的赵国旗也是赵家山村的人，想到国家邮电部门正在征集虎年生肖邮票图案，于是他从高秋英她们做好的布老虎里挑了一只，邮寄到国家邮电部参加虎年生肖邮票图案的评选。经过激烈角逐，高秋英缝制的黎侯虎从众多图案样品中脱颖而出，被选为1998年（农历戊寅虎年）生肖特种邮票图案的依托样本。邮票由当时的中国摄影家协会会长、中国当代摄影协会会长、邮电部邮票印制局工艺美术师王虎鸣先生设计。1998年1月5日，戊寅年生肖邮票首发式在布老虎生产基地黎城县谷驼村举行，这枚邮票被命名为"虎虎生机"。黎侯虎凭借着黎侯虎生肖邮票的发行走出了太行山，在山西特别是黎城引起了轰动。此后，登上生肖邮票的布老虎成了黎侯虎的标志性样式，来自全国各地的订单络绎不绝。黎侯虎也如虎添翼，不再是仅流行于黎城县的民俗手工艺品，而是成了给当地村民增加收入的"致富虎"。

第三节　制作材料与工具

一、制作材料

黎侯虎的制作材料简单，主要包括各色布料、缝线及填充物。

（一）布料

各色布料主要用于制作黎侯虎的身体、四肢、尾巴及五官。所用布料材质、色彩不限，以结实耐用的棉布为主，也可根据制作者喜好选择其他材质（图1-17）。

（二）缝线

缝线主要用于缝合、刺绣。所用缝线色彩丰富、粗细不等（图1-18）。

（三）填充物

20世纪制作黎侯虎时内里一般填充锯末（木料加工时的粉末）和秕谷（谷子壳），价格低廉、获取方便，但是重量较大，时间长了容易出油虫蛀。现在多采用珍珠棉进行填充，相较棉花价格更低，且手感轻盈柔软，弹性大（图1-19）。

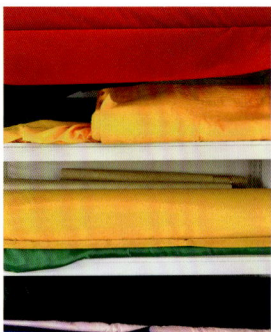
图1-17　布料

图1-18　缝线

图1-19　珍珠棉

二、制作工具

制作黎侯虎的工具主要有缝纫机、缝纫针（图1-20）、顶针（图1-21）、剪刀（图1-22）。缝合黎侯虎的身体、尾巴等体积较大的部位时，可使用脚踏缝纫机或工业缝纫机，也可用缝纫针手工缝制。

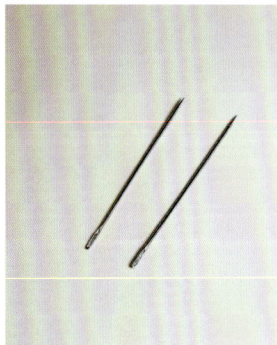
图1-20　缝纫针

图1-21　顶针

图1-22　剪刀

第四节　制作工艺与技法

黎侯虎的制作主要包括选料、制版、画样、裁剪、缝合、填充、绣制、粘缝八个步骤。

一、选料

选好各种颜色的布料，以色彩鲜艳、对比强烈的棉布、绸布为主（图1-23）。

二、制版

根据拟制作黎侯虎的尺寸、造型等，在硬纸板上进行打版，绘制纸样（图1-24）。需提前留好缝份和加工余量，确保纸样符合制作要求。

图1-23　选料

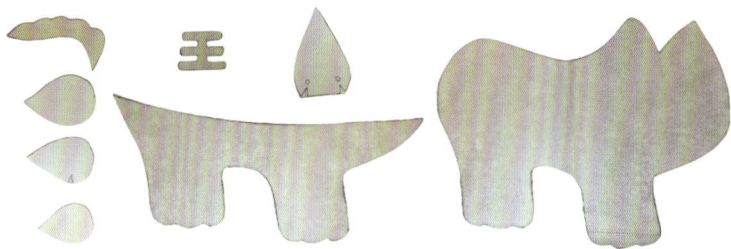

图1-24　黎侯虎的部分纸样

三、画样

将纸样放在布料上排好版后，沿纸样边缘在布料上画样（图1-25）。

四、裁剪

按照画样痕迹将虎身、尾巴、五官、花纹等部位的布料裁剪备用（图1-26）。裁剪时要精剪细裁，减小误差。

图1-25　画样　　　　　　图1-26　裁剪

五、缝合

将虎身部位的布料正面相对、反面朝外，用手针或缝纫机缝合在一起（图1-27）。缝合时需针脚细密、牢固。

六、填充

将缝合好的虎身正面翻出，往虎身内填充珍珠棉、木屑等使之成形（图1-28）。要将填充物分布均匀，并通过进一步整形使虎身饱满。

图1-27 缝合

图1-28 填充

七、绣制

将黎侯虎的眼、眉、耳、鼻、口、尾等部位绣制好（图1-29）。常采用穿针、对针、串针、打籽、榆钱坨坨等绣法，缝制好的配件如图1-30所示。

图1-29 绣制

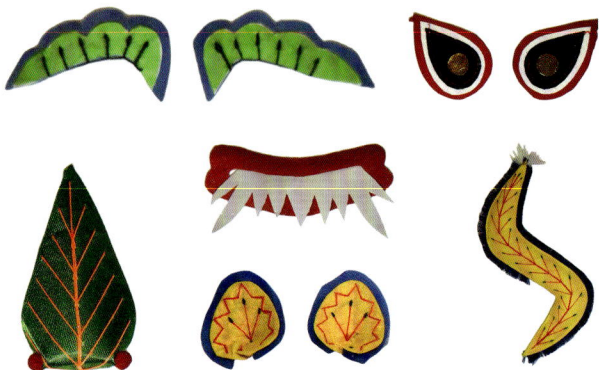

图1-30 绣制好的配件

八、粘缝

将绣制好的配件缝制在相关部位（图1-31、图1-32），再用贴布、挂穗、刺绣、彩绘等手法进行装饰，并将裁剪好的花纹粘贴于虎身（图1-33），一只黎侯虎作品完成（图1-34）。

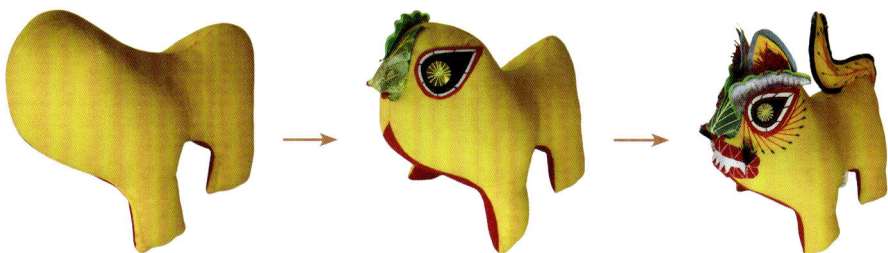

图1-31　将配件缝制于虎身

图1-32　缝制配件　　　　　图1-33　粘贴花纹　　　　　图1-34　制作完成

第五节　工艺特征与纹样

　　"人凭志气虎凭威"，黎侯虎的制作讲究"重神似而不求形似"。通过刺绣、剪纸、草编、贴布、挂穗等工艺，以及高度概括的造型手法塑造而成的黎侯虎，造型生动、昂首直立，展现出威风凛凛的虎气、炯炯有神的灵气、敦厚纯朴的乡土气，寄托了黎城民众赐福增寿、镇宅驱邪、安家生财的美好祈愿，具有突出的审美价值和丰富的民俗内涵。

一、整体造型

　　黎侯虎的规格没有统一标准，小的只有10厘米长，大的可达1米多高，用于新生儿伴睡的黎侯虎长度通常在40厘米左右。黎侯虎的四肢较为粗胖，四足稍稍外撇，虎头微微昂起，整体造型粗、短、胖、圆，呈现出敦厚、健壮的形态和简约、质朴的美感。黎侯虎的姿态各异，可分为立虎（图1-35）、坐虎（图1-36）、卧虎（图1-37），制作者在设计和缝制的时候，会加进自己的情感和喜好，或威武健壮，或憨态可掬，从态势上塑造了虎虎生威的精神劲和孩子般的天真味道。

图1-35　立虎　　　　　图1-36　坐虎　　　　　图1-37　卧虎

二、装饰特点

　　黎侯虎的五官造型独特，运用点、线、面的构成法则，具有突出的形式美和立体感。眼睛以桃形为基形，常选用黑、白、红三色装饰，眼珠以金属泡盖钉镶嵌或制成南瓜眼，眼上配花瓣眉，以长平针和盘针法装饰睫毛。鼻子通过布料包填而成，形似一枚倒置的树叶。嘴巴微张，红口白牙。嘴角常以挂穗作为胡须，配合兰花造型贴布。双耳呈喇叭形，中间以彩色丝线挂穗。早期尾巴造型多样（图1-38～图1-40），后期逐渐以图1-40所示造型为主。

　　黎侯虎的虎身纹饰简洁大方，多借鉴剪纸技法进行贴布装饰。虎身两侧各有两朵旋风状花纹朝向同一方向，遵循动物皮毛的生长规律，同时取平安顺利之意。也可采用文字贴布装饰。此外黎侯虎讲究雌雄配对，虎脊纹样由整块布料剪成两条波纹状虎脊贴于两虎背上，较尖利的那条用于雄虎送女孩，较柔和的那条用于雌虎送男孩，表达阴阳相协、生生不息的寓意。

图1-38　尾巴造型（一）　　　图1-39　尾巴造型（二）　　　图1-40　尾巴造型（三）

三、色彩特征

　　黎侯虎的色彩搭配鲜艳绚丽、对比强烈，具有独特的装饰意味和象征意义。传统黎侯虎的色彩以红色（图1-41）、黄色（图1-42）、黑色（图1-43）、蓝色（图1-44）、桃红色（图1-45）为主。其中，代表喜庆吉祥的红、黄两色最为常用，是黎侯虎的基本色彩。通常黎侯虎的虎背及头、脚等部位采用黄色，表达吉祥之意，腹颔部配以红色，彰显喜庆之感，反之亦可。使用黑色、蓝色、桃红色等其他颜色布料制作虎背时，腹颔部可根据制作者喜好选择红色或黄色搭配。

图1-41　红色黎侯虎

图1-42　黄色黎侯虎

图1-43　黑色黎侯虎

图1-44　蓝色黎侯虎

图1-45　桃红色黎侯虎

第六节　作品赏析

早期黎侯虎的形态和装饰不尽相同，妇女们会根据自己的情感和喜好进行设计制作，或威武健壮，或憨态可掬。1998年，高秋英制作的黎侯虎被选为生肖邮票图案后，黎侯虎的形象逐渐统一起来。经过黎城县一代代绣虎巧手数十年的传承、发展和创新，黎侯虎在继承传统经典样式的同时，也逐步完善和丰富，延伸出更多符合当前社会消费的黎侯虎作品。

一、虎形实用品

老虎是黎城人心目中驱邪、镇宅、避害的吉祥物和保护神，制作和使用虎形器在黎城由来已久。特别是家家户户都为孩子制作虎头鞋（图1-46、图1-47）、虎头帽（图1-48）、虎肚兜（图1-49）、虎头枕（图1-50、图1-51）等虎形实用品，用形象逼真的虎头图案辟邪纳福，寓意孩子虎头虎脑，保护孩子没病没灾。

图1-46　虎头鞋（一）（传承人李小梅制作）

图1-47　虎头鞋（二）（黎侯虎博物馆藏）

图1-48　虎头帽（黎侯虎博物馆藏）

图1-49　虎肚兜（黎侯虎博物馆藏）

图1-50 黎侯虎枕头（一）（黎侯虎博物馆藏）

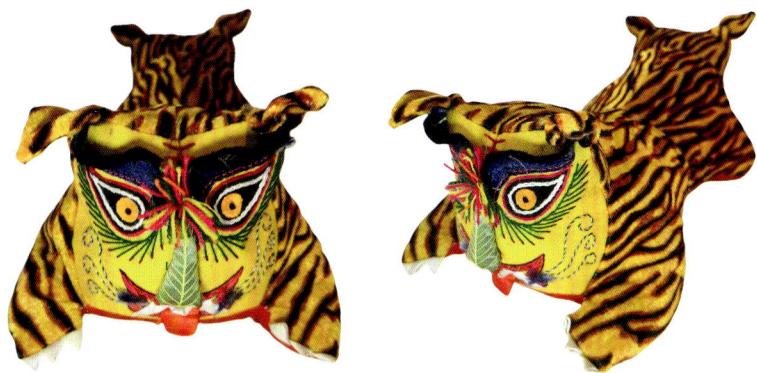

图1-51 黎侯虎枕头（二）（传承人李小梅制作）

二、早期黎侯虎

　　早期黎侯虎形态多样，图1-52～图1-58所示为20世纪50～80年代的黎侯虎，现藏于黎城县黎侯虎博物馆。从中可以看出，早期黎侯虎大量采用挂穗装饰，造型更为夸张、复杂。后期挂穗装饰逐渐减少，并增加仿照剪纸的贴布装饰，整体造型趋于简洁、流畅。此外，虽然当时的黎侯虎并未形成统一形制，但是桃形眼、树叶鼻等五官造型，立虎、坐虎、卧虎等不同姿态，以及刺绣、挂穗等装饰手法已经形成并得以延续。

图1-52 早期黎侯虎（一）（黎侯虎博物馆藏）

图 1-53　早期黎侯虎（二）（黎侯虎博物馆藏）

图 1-54　早期黎侯虎（三）（黎侯虎博物馆藏）

图 1-55　早期黎侯虎（四）（黎侯虎博物馆藏）

山西省纺织类经典非物质文化遗产

图1-56　早期黎侯虎（五）（黎侯虎博物馆藏）

图1-57　早期黎侯虎（六）（黎侯虎博物馆藏）

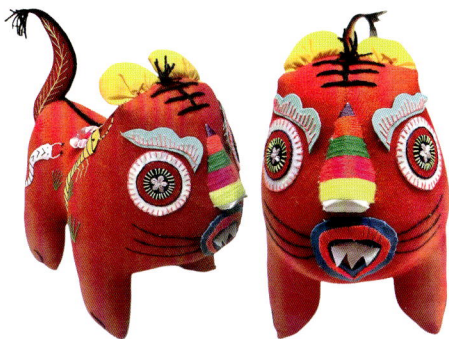

图1-58　早期黎侯虎（七）（黎侯虎博物馆藏）

三、经典黎侯虎

经典黎侯虎造型有立虎（图1-59～图1-61）、坐虎（图1-62～图1-64）、卧虎（图1-65、图1-66），以立虎最具代表性。色彩以红、黄两色为主，虎身以剪纸造型贴布装饰，眼、眉、鼻、耳、尾等处多刺绣，耳内及胡须处常挂穗，具有鲜明的黎城地域特色。

图1-59　黄色棉布立虎（黎侯虎博物馆藏）

图1-60　红色棉布立虎（黎侯虎博物馆藏）

图1-61 红色缎面文字装饰立虎（黎侯虎博物馆藏）

图1-62 黄色虎纹装饰坐虎（黎侯虎博物馆藏）

图1-63 红色旋风花纹装饰坐虎（黎侯虎博物馆藏）

图 1-64 黄色文字装饰坐虎（黎侯虎博物馆藏）

图 1-65 黄色旋风纹装饰卧虎（黎侯虎博物馆藏）

图 1-66 黄色文字装饰卧虎（黎侯虎博物馆藏）

四、创意黎侯虎

随着时代变迁，以李小梅为代表的年轻一代传承人开始不断探索市场需求，积极在黎侯虎原有的传统工艺基础上融入现代元素，开发黎侯虎文化创意产品。在面料上尝试采用除传统棉布外的绸缎（图1-67~图1-69）、印花布（图1-70）等，丰富黎侯虎的外观样式。在工艺上将手工制作与机器刺绣、印染（图1-71）相结合，更好地降低制作成本，缩短制作周期，提高产量、降低价格。在品类上除了坚持制作传统黎侯虎，以及虎头鞋、虎头帽、虎头枕等，还提取黎侯虎的代表性造型元素，开发了创意摆件（图1-72、图1-73）、挂件（图1-74、图1-75）、抱枕（图1-76）等一系列延伸产品，以满足更多消费者需求。

图1-67　黄色缎面机绣黎侯虎（传承人李小梅制作）

图1-68　粉色缎面机绣黎侯虎（传承人李小梅制作）

图1-69　结穗缎面机绣黎侯虎（传承人李小梅制作）

图1-70　蓝印花布黎侯虎（传承人李小梅制作）

图1-71　彩色印染黎侯虎（传承人李小梅制作）

图1-72　黎侯虎创意摆件系列（一）（传承人李小梅制作）

图1-73　黎侯虎创意摆件系列（二）（传承人李小梅制作）

图1-74　黎侯虎创意挂件系列（一）（传承人李小梅制作）

图1-75 黎侯虎创意挂件系列（二）（传承人李小梅制作）

图1-76 黎侯虎创意抱枕（传承人李小梅制作）

第七节 传承人专访

为深入研究黎侯虎这一经典纺织类非物质文化遗产，笔者深入山西省黎城县开展调研，并对布老虎（黎侯虎）技艺传承人李小梅女士进行了专访，以下为本次专访内容。

一、请问您是如何接触到黎侯虎项目的？

李小梅：我小时候每到农闲时，总是能看到我的姥姥和母亲在家里做手工活，有鞋底、鞋垫这些我们日常生活中用到的物品，也有黎侯虎。姥姥和母亲做的时候我就在旁边帮忙，她们做到一半的活儿放在那里，我看到了也会拿起来缝两下。我最开始学习纳鞋底、绣鞋垫，到十六七岁的时候开始做黎侯虎，遇到不懂的地方会一直琢磨，从那时候起我就喜欢上了缝制黎侯虎。

二、您在学习制作黎侯虎的过程中有什么印象深刻的事情？

李小梅：我母亲做的布老虎非常好，以前经常自己做了送给村里的街坊邻居和亲戚家的孩子，偶尔也会有外村的人专门来购买。我印象比较深的一件事是在我十几岁的时候，有一次邻居家的外甥满月了，请我母亲帮忙做布老虎。她那时候发烧生着病，还是答应下来并且很快就完成了制作。那时候我就觉得长辈给新生的小孩儿送布老虎，这肯定是件好事儿。当时我心里想着，长大以后要把黎侯虎传承下去，让我们的街坊邻居，还有周边村里的人，孩子过满月时都能用到。

三、您是如何成长为黎侯虎项目传承人的？

李小梅：1998年，黎侯虎被选作生肖邮票图案之后在全国范围内出名了，有很多人来找我母亲定做布老虎。我母亲做不过来的时候，我父亲就帮忙打下手，逐渐也学会了制作黎侯虎。2008年，正赶上奥运会、世博会等大型活动，黎侯虎的订单很多，我父亲就注册了红石民间工艺公司，开始采用"公司＋农户"的方式生产黎侯虎。公司成立之后，我母亲组织农村妇女向她们传授技艺，我父亲和我主要负责接订单，以及到外面参加展会，进行黎侯虎的展示、推广和销售，让更多的人认识和喜欢黎侯虎。后来我父母年纪大了，我就兼顾黎侯虎的培训、设计、制作、生产和销售等各个环节，对黎侯虎制作技艺的掌握，以及文化内涵的了解也越来越深。

四、请问"公司＋农户"的模式具体如何开展？

李小梅："公司＋农户"模式的场地主要是农户家里。为了提高效率，接到新订单的时候，先设计好要制作的黎侯虎样式并打好版，把主要人员集中到工作室，让他们先学习掌握，熟练之后再把材料拿到村里挨家挨户分发，通过流水线的形式进行制作。首先，按照样板把黎侯虎的各个部位裁剪出来。其次，把身体、尾巴、眉毛、眼睛、耳朵、鼻子等各个部位的裁片分发给不同的人，每人负责制作一个部位。然后，将制作好的零部件收集起来再次进行分发，缝合五官、粘贴纹饰。最后，我们对制作好的黎侯虎进行检查、打包和发货。通常技巧熟练、加工量大的农户通过制作黎侯虎一年大概能有3万~4万元的收入。

五、您在传承中是否遇到过什么困难？

李小梅：2015年前后，黎侯虎的订单逐渐减少，我考虑过是不是要放弃。恰好那时候上海举办旅交会，我就去参加了。在展会上有一位女士看到我的展位就很高兴地喊："黎侯虎！黎侯虎！"她介绍说她和爱人都是属虎的，看过我在中央电视台接受采访的节目，非常喜欢黎侯虎。她在现场和我合了影，还买走了两只黎侯虎。那时候我感觉到黎侯虎还是能够被黎城之外其他地方的人喜欢，就又燃起了希望。2019年农历虎年的时候订单又多起来了，当时有100多名农户和我们公司合作进行黎侯虎制作。随着各个平台的网店逐步开设，配合经销商和线下店铺销售，销量就持续稳定住了，现在与我们公司进行合作生产的黎侯虎从业人员有30余人。

六、请您介绍一下目前黎侯虎的传承情况。

李小梅：现在我们周围大概有十几个村，没有出去工作的妇女都在家做黎侯虎及一些衍生品，从事黎侯虎制作的妇女年龄大多数在50～70岁。我从2012年左右开始参与政府面向农村妇女组织的定期培训活动，到目前10期一共培训了5000多人。每期培训政府会给参加培训的学员发放补贴，通过一周的培训让学员能够从头到尾地掌握制作黎侯虎的基本步骤和关键技巧。通常细致、爱琢磨，有缝制和刺绣基本功的学员学得更快一些。在培训时学员做的东西如果能够合格，就请他们给公司加工订单。也有一些学员技术熟练之后可以自己接订单进行加工、销售，这是我们最希望看到的。但是比较遗憾的是，培训班结束之后，最终能坚持下来的人比较少。因为缝制黎侯虎是一项比较辛苦的活儿，时间长了眼睛、颈椎、腰椎会出问题，所以年龄比较大的就不做了，还有一些年轻人会选择外出打工。此外，经常有大学生来我们这儿学习，在完整做出一个黎侯虎的过程中了解黎侯虎的构造和工艺。但是目前下一代的年轻人学习之后，很少还会持续深入地从事这项活动。

七、现在黎侯虎的使用场景有哪些？

李小梅：现在在我们黎城当地，黎侯虎不仅是作为礼物送给新生的孩子，姑娘出嫁的时候，妈妈也会送黎侯虎，寓意女儿生活幸福美满。另外，老人过寿、商户开业庆典等场合都会摆放黎侯虎，取健康顺遂的好兆头。

八、当地政府为黎侯虎的传承发展提供了哪些帮助？

李小梅：政府给了我们很多帮助，包括组织申报各级传承人、外出参加各类展会、进校园开设研学课程、到高校进行学习进修，以及面向农村妇女定期开展培训等，这些对我们都是很好的提升，对黎侯虎的宣传和发展也有很大的帮助。

九、您认为可以采取哪些措施促进黎侯虎的传承？

李小梅：我觉得一方面要以进校园为主，把黎侯虎纳入相关的课程和教材里面。校园里面学生群体大，说不定哪个孩子就会喜欢这个技艺和文化，可以从小时候开始培养年轻一代对黎侯虎的兴趣。我就是从小接触多了以后逐渐喜欢上的，如果20多岁从学校毕业之后再去接触，我也许就不会对黎侯虎有浓厚的兴趣。另一方面，需要把传统和现代结合起来，开发更多有实用价值的产品，让黎侯虎不仅能够作为送给孩子的礼品，也让更多人在日常生活中都能用到。近几年我也开始尝试进行一些创新设计，黎侯虎及衍生产品有100余种，小的有5厘米的钥匙扣，大的有2米长的布老虎，销量都比较好。除此之外，积极配合政府、媒体的宣传推广，让全国各地更多的人认识黎侯虎，了解黎侯虎丰富的文化内涵，进而喜欢黎侯虎。

第二章

堆锦（上党堆锦）

上党堆锦俗称"长治堆花"，是山西省上党地区（今长治市上党区）特有的一种传统手工艺，其起源于唐代，时称"堆绢"。上党堆锦传统工艺融汇了绘画工艺及民间工艺美术中诸多艺术成分，经过千余年的不断改进，逐步演变成具有浮雕效果的丝绸手工艺美术作品。2008年6月，堆锦（上党堆锦）经中华人民共和国国务院批准列入第二批国家级非物质文化遗产名录，名录类别为传统美术类（表2-1、图2-1）。

表2-1 项目简介

名录名称	堆锦（上党堆锦）
名录类别	传统美术
名录级别	国家级
申报单位或地区	山西省长治市
传承代表人	涂必成 韩玲

图2-1 堆锦（上党堆锦）国家级非物质文化遗产项目证书

第一节 起源与发展

堆锦（上党堆锦）是山西省长治市独特的传统手工艺，其起源与发展历经千年沧桑，见证了上党地区的历史变迁与文化传承。经过多年的挖掘、传承、研究，在后辈传承人的努力创新下，涌现出越来越多的优秀作品，为这一古老的技艺注入了新的生命力。

一、堆锦（上党堆锦）的起源

上党堆锦的起源可追溯至唐代，当时被称为"堆绢"。唐中宗神龙三年（707

年），当时受封为临淄王的李隆基就任潞州（今长治市上党区），将宫廷中以丝绸为材料的堆绢工艺带到上党古城，经过千余年的传承与发展，逐渐演变为上党堆锦这项非遗技艺。明清时期，潞商的兴起，也为上党堆锦的生存和蓬勃发展创造了有利条件。上党地区作为历史上丝绸产业重要中心之一，其发达的潞绸产业为堆锦的发展提供了得天独厚的条件。堆锦的形成与当地民俗文化、地域经济紧密相连，它不仅是一种工艺美术的展现，更是上党地域文化的集中体现。清末至民国时期，是堆锦技艺发展的重要阶段。李模及其家族通过创新堆锦的制作技艺，改变堆锦的原材料，使堆锦作品更精美且具有立体感，堆锦技艺广受民间的好评与喜爱，促进了堆锦的发展。与此同时，他们在堆锦技艺上的创新，也为后来的堆锦传承人提供了宝贵的经验。

二、堆锦（上党堆锦）的发展

上党堆锦源于唐朝，但唐、宋、元、明时期均未存留下确切的传承谱系，清光绪年间开始才有了有记载的传承谱系。堆锦（上党堆锦）的传承谱系见表2-2。

表2-2　传承谱系

传承代系	传承人姓名	传承时间
第一代	李模	1867 ~ 1933 年
	李楷	1870 ~ 1934 年
第二代	李时忠	1891 ~ 1967 年
	李时杰	1920 ~ 1994 年
第三代	涂必成	1947 ~ 2019 年
第四代	涂婕	1975 年至今
	韩玲	1976 年至今
	郭丽梅	1982 年至今
	韩素文	1983 年至今

中华人民共和国成立后，堆锦技艺的恢复、保护工作得到了国家的广泛重视并给予了大力支持。1953年，长治市成立了油漆裱糊合作社（后发展为工艺美术厂），开始有组织地修复、创作、生产堆锦作品。在国家的扶持引导下，传承人涂必成带领研发团队通过钻研工艺及材料使用，解决了上党堆锦虫蛀、褪色等重大问题。与此同时，堆锦作品也更加精美，内容题材更加丰富多样，受到了国内外大众的喜爱，销量上也有了显著提升，极大地推动了堆锦技艺的发展。如今，上党堆锦这项起源于唐代的传统技艺不仅得到了有效的保护与传承，传承人们还在制作技艺、制作材料、内容题材等方面持续探索和创新，使上党堆锦在传承传统特点的同时，更加符合现代市场的审美需求。

1.国家级非遗传承人——涂必成

涂必成先生是上党堆锦技艺的第三代传承人，同时也是这项技艺的国家级传承人。涂必成于1947年出生于三晋古镇端氏，自幼习画，中共党员，硕士研究生学历，是高级工艺美术师、中华堆锦艺术家及山西省首批工艺美术大师（图2-2）。1968年6月，在长治市工艺美术厂参加工作，开始从事上党堆锦的制作、设计和研究工作。其作品多次参加全国性工艺美术展览，并多次荣获金、银、铜及优秀奖（图2-3）。2005年、2008年分别荣获"百花杯"和"天工艺苑·百花杯"中国工艺美术精品奖金奖。他从事上党堆锦的设计、制作和研究工作四十余年，为进一步开展上党堆锦技艺的抢救、保护、传承、创新工作，于1997创建了山西省长治堆锦研究所，并成立堆锦修复小组。经过多年的竭力修复、潜心研究和技艺创新，不但突破性地解决了上党堆锦千余年来因生蛀虫不能长期保存的问题，而且使上党堆锦更加立体、人物形象更加传神。十余年来，涂必成为上党堆锦技艺的抢救、保护、传承、研究、创新、开发作出了突出的贡献，不但创作出大量制作精美、题材丰富的上党堆锦作品，而且在堆锦技艺及题材上的创新，为后续上党堆锦这项非遗的传承与保护奠定了坚实基础。

图2-2　上党堆锦国家级传承人涂必成（左）

图2-3　涂必成部分获奖证书及奖杯

2. 省级非遗传承人——韩玲

韩玲女士，1976年出生于山西省沁水县，国家级非物质文化遗产代表性项目堆锦（上党堆锦）省级代表性传承人（图2-4、图2-5）。2001年开始跟随上党堆锦国家级代表性传承人涂必成从事上党堆锦的制作、抢救、传承和创新工作。她不仅了解堆锦这一传统工艺的珍贵性及其深厚的文化底蕴，也对堆锦制作表现出了浓厚的兴趣及制作天赋。因此，在涂必成的悉心指导下，她不仅掌握了堆锦制作的精湛技艺，更在此基础上持续创新。在她的努力下，创作出了许多制作精美、题材新颖的上党堆锦作品，特别是在制作过程中将现代审美融入传统

图2-4 韩玲女士上党堆锦省级代表性传承人证书

工艺中，制作的堆锦作品既保留了传统技艺的韵味，又融入了现代的审美潮流。她的作品多次在国内外展览中获奖，其在堆锦技艺上的刻苦钻研，获得了广泛的赞誉和认可。除了技艺的传承与创新，韩玲还积极普及与推广上党堆锦技艺。她多次开展上党堆锦进校园活动，为中小学生普及上党堆锦的历史，手把手地教授孩子们上党堆锦的制作。与此同时，还积极参与政府举办的各类非遗类展览，在展览中不仅展示精美的上党堆锦作品，还积极地向游客讲解上党堆锦的历史起源、制作工艺和内容题材。通过她的努力，更多人了解到了上党堆锦这一千年非遗的魅力（图2-6、图2-7）。此外，她还努力致力于上党堆锦这项技艺的传承人培养，并开创堆锦制作工作室，在她的带领下，越来越多的人开始加入堆锦的传承队伍中来。

图2-5 上党堆锦省级传承人韩玲

图2-6　韩玲教小学生制作上党堆锦

图2-7　韩玲参加展会

韩玲组织创建了山西潞缘堆锦文化艺术有限责任公司，致力于非物质文化遗产保护、设计、研发和销售工作，拥有专业的设计和技术团队，秉承"上党堆锦、传承创新、优质高效、精益求精"的企业理念，不断探索、创新，推出了一系列具有创新性和实用性的上党堆锦作品，并多次荣获国家、省、市级金、银、铜及优秀奖。2013年7月，作品《拿破仑》在首届山西文化产业博览会上获得山西文化产业博览交易会"神工杯"工艺美术精品奖金奖；2022年6月，作品《五福临门》荣获长治市

"钜星杯"工艺美术创新产品设计大赛二等奖；2022年11月，作品《江山多娇》荣获第四届山西省文化创意设计大赛传统工艺创意设计类优秀奖；2023年5月，作品《玉兔祥瑞》在第三届中国工艺美术博览会荣获2023年"百花杯"评选活动银奖。2023年12月，荣获长治市"十佳工艺美术大师"荣誉称号；作品《女娲补天》荣获2023首届"上党记忆长治有礼"山西长治文化创意设计大赛铜奖（表2-3）。

表2-3　传承人韩玲所获部分荣誉

获得时间	荣誉名称	颁奖单位	证书展示
2024年5月	第四届"百鹤杯"工艺美术设计创新大赛荣获"百鹤新锐奖"	第四届中国工艺美术博览会组委会	
2024年3月	2023首届"上党记忆长治有礼"山西长治文化创意设计大赛铜奖	长治市文化和旅游局、长治市文旅发展中心	
2023年12月	十佳工艺美术大师	长治市文化体制改革和文化产业发展领导组	
2023年10月	第六届山西文化产业博览交易会小井峪分会场荣获"最佳文创礼品奖"	小井峪国际文化艺术交易中心、太原市文化产业协会	
2023年5月	2023年"百花杯"银奖	中国轻工业联合会、中国工艺美术协会	

获得时间	荣誉名称	颁奖单位	证书展示
2023 年 3 月	作品在"清风明月"山西省非物质文化遗产主题展中入选参展作品	山西省文化和旅游厅	
2022 年 11 月	作品《五福临门》获第四届山西省文化创意设计大赛"传统工艺创意设计类"入围奖	山西省文化和旅游厅、山西省教育厅、山西省工业和信息化厅、共青团山西省委	
2022 年 11 月	作品《江山多娇》获第四届山西省文化创意设计大赛"传统工艺创意设计类"优秀奖	山西省文化和旅游厅、山西省教育厅、山西省工业和信息化厅、共青团山西省委	
2022 年 6 月	"矩星杯"工艺美术创新产品设计大赛二等奖	长治市新的社会阶层人士联谊会、长治市工艺美术协会	

第二节　风俗趣事

　　上党堆锦技艺经过千余年的传承，积淀了厚重的文化底蕴。上党堆锦与当地的民情风俗相融，不仅丰富了上党地区人民的日常生活，还展示了上党地域的文化魅力和风俗习惯。

一、初登国际舞台的上党堆锦

据史料记载，清末至民国时期，是堆锦技艺发展的重要阶段。这一时期的代表人物为李模（1867—1933）及其家族。李模出身于破落官宦家庭，但自幼便展现出对绘画的兴趣及天赋。在那个动荡不安的年代，他并未被生活的困苦所击倒，反而在与父亲和兄长共同从事油漆裱糊工艺的过程中，结合当地的风土人情及生活习惯，在堆绢的基础上改良研发了上党堆锦这一技艺。当时上党地区有丰富的锦缎资源，于是他大胆采用锦缎作为主要材料来制作堆锦作品。使用锦缎制作出的堆锦作品色彩及光泽上更加丰富多彩，极大地提升了堆锦作品的质感。与此同时，李模巧妙地将绘画与堆锦的制作相融合，使堆锦作品更加形象生动。这种独特的工艺技法不仅增强了作品的观赏性和艺术性，更提升了上党堆锦作品的收藏价值。

1915年，他与长子李时忠创制了《春夏秋冬》四条屏堆锦作品。这幅作品以其细腻的笔触、生动的形象和深刻的寓意，在巴拿马万国博览会上一举荣获了银奖。这一奖项使得上党堆锦技艺在国际舞台上崭露头角。李模凭借其精湛的堆锦技艺和别出心裁的堆锦作品获得了国内外一致好评，并让上党堆锦走进了大家的视线，让更多人了解到了上党堆锦的独特魅力。自此之后，上党堆锦开始打开了国内外市场，形成了一时的风潮，当时达官贵人争相购买。

李模对于上党堆锦技艺的钻研与创新，不仅为堆锦技艺的发展奠定了坚实的基础，更为后续堆锦的传承提供了宝贵的经验和启示。正因为有李模在堆锦技艺上的创新，清代的堆锦技艺才可以快速发展并广泛流传。在李模及其家族的引领下，堆锦艺术在这一时期实现了从民间工艺到国内外享誉的华丽转变，成了中国传统工艺美术中一颗璀璨的明珠。

二、令人头疼的蛀虫

阻碍上党堆锦发展千余年的问题就是蛀虫。早年间，由于物资匮乏，多采用糨糊来进行上党堆锦的制作，然而糨糊的弊端就是会随着时间的流逝，产生大量的蛀虫，导致早年间精美的堆锦作品被大量破坏，难以长时间保存，蛀虫问题极大影响了上党堆锦的收藏及修复工作。

1997年，元旦刚过，从事上党堆锦设计、制作和研究工作30年的涂必成，创建了长治堆锦研究所，开始潜心投入对上党堆锦这一有着千余年历史文化艺术遗产的抢救、恢复、传承、保护、开发、创新和发展的工作中来。面对资金短缺、人才匮乏等挑战，涂必成展现出了非凡的毅力和决心，他四处奔波，广招贤才，积极筹措资金。为解决虫蛀这一千年难题，涂必成带领研发团队经过数百次的试验，终于找到了既不会产生蛀虫，又保证作品美观性的原材料。通过这一研究突破，大幅提升了上党堆锦的作品质量及收藏价值。

此外，涂必成坚持在继承传统基础上进行创新，确保上党堆锦不会被时代淘汰。

一方面，从完善堆锦作品的精美度上进行了提升，他带领团队在人物面部的立体效果上进行了深入探索与尝试，设计出了《朝园图》《八仙过海》等一系列令人耳目一新的堆锦作品（图2-8、图2-9）。另一方面，拓展了上党堆锦作品的内容题材，使得上党堆锦不再拘泥于花鸟虫鱼、神话传说这类传统题材，创新性地将上党堆锦与佛教、道教文化相结合，创制出了大量精美的佛像及唐卡题材的堆锦作品。这些作品不仅展现了上党堆锦独特的艺术魅力，更成为宣传中国传统文化的桥梁。涂必成对于堆锦技艺的刻苦钻研，为上党堆锦的传承与发展奠定了坚实的基础。

图2-8 《朝园图》

图2-9 《八仙过海》

三、榜样的力量

韩玲跟随其公公涂必成学习上党堆锦，外界对于涂必成作品给予了很高的评价，涂必成也多次凭借其精美的作品斩获中国工艺美术金奖。在涂必成的言传身教下，韩玲将这份荣誉视为自己前行的动力与方向。她深知，要想在堆锦艺术的道路上走得更远，就必须不断精进自己的技艺，创作出更多题材新颖、工艺精美的作品。因此，她怀揣着一个"金奖"梦，日复一日、年复一年地坚持精进自己的技艺，创制题材新颖、工艺精美的堆锦作品，希望早日获得属于自己的中国工艺美术金奖。

与涂必成的传统题材不同，韩玲侧重于根据市场及审美的变化，将传统与现代相结合。她认为，上党堆锦要想持续传承发展，就必须在保留传统技艺的基础上进行创新。于是，她开始了对堆锦技艺的创新研究。一方面，她从制作堆锦的原材料上进行创新。一次偶然的机会，她与香云纱技艺的非遗传承人进行了深入的交流，并获得了对方赠送的香云纱布料。香云纱具有与锦缎不同的独特质感和纹理，她将香云纱与堆锦制作技艺相结合，根据香云纱的颜色及材质以莲蓬为图案，创作出了一幅堆锦作品，这种不同非遗技艺间的融合，也带给了众人眼前一亮的感觉，这幅作品也得到了香云纱传承人的高度评价（图2-10）。另一方面，韩玲还紧跟时事热点和市场需求，在堆锦制作的内容题材上进行创新。在2024年春晚中备受欢迎的舞蹈《只此春绿》，舞蹈演员优雅的舞姿和精美的舞台感染了她。晚会结束后，她运用堆锦技艺结合舞蹈演员的形象创作了一幅堆锦作品（图2-11）。这幅作品不仅展现了堆锦技艺的精湛与细腻，更将现代审美与传统文化完美地结合在一起。韩玲在持续传承堆锦传统技艺的基础上，不断尝试在材质、题材上融入自己的创新设计，为上党堆锦的传承与发展注入更多的活力与可能。

043

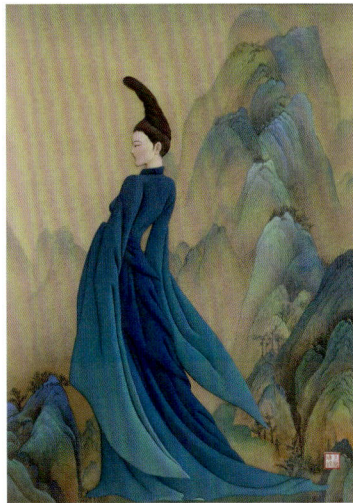

图2-10　莲蓬图　　　　　图2-11　《只此春绿》

第三节　制作材料与工具

上党堆锦制作是一门集绘画、雕塑、编织等多种艺术形式于一体的综合性艺术，艺人们通过巧妙地运用这些材料和工具，不仅展现出了他们高超的技艺和深厚的艺术修养，还为我们留下了众多精美绝伦的艺术珍品。千余年来，其制作工艺、原材料及色彩的应用都在不断地改进和创新。

一、制作材料

1.锦

在古代的织物中，"锦"是代表最高技术水准的丝织品，色调五彩缤纷且富有光泽，这些丝绸锦缎就是上党堆锦的主要材料（图2-12）。

2.棉花

棉花也是制作上党堆锦的主要材料，通过调整铺棉花的厚薄及位置达到塑形效果。棉花是打造上党堆锦浮雕式的立体感的主要材料（图2-13）。

图2-12 锦缎

图2-13 棉花

二、制作工具

上党堆锦的制作离不开一系列精巧的器具（图2-14）。画笔、硫酸纸、剪刀、镊子、胶水、颜料等基本工具是堆锦制作中不可或缺的。这些工具能够帮助精确地剪裁材料、塑造形状，塑造出堆锦作品丰富的层次感和立体感。

1.硫酸纸

硫酸纸是一种专业描图使用的半透明的纸，其优点为纸质纯净、强度高、较透明、不变形、耐晒、耐高温、抗老化，因此被广泛用于手工描绘。处理好的硫酸纸纹样可反复使用，便于拓印纹样。

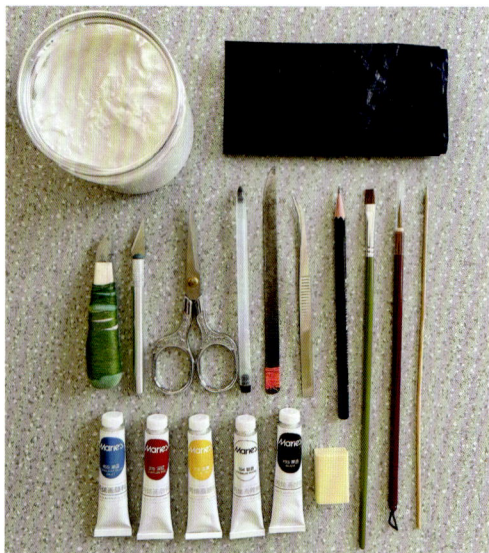

图2-14 制作工具

2.胶水

上党堆锦最早期使用糨糊进行制作，导致极易生虫。现在使用的胶水不仅透明、不泛白、更美观，还解决了上党堆锦千余年来因生虫蛀而不能长期保存的问题。

3.颜料

上党堆锦艺术作品的色彩变幻莫测、非常丰富。从前的颜料都以国画颜料为主，它的最大缺点是遇水后容易留下水渍。从20世纪末开始，所用颜料以丙烯画颜料为主。这种颜料具有色彩艳丽、光泽度高、防水耐晒的优点，是上党堆锦制作的理想材料。

第四节 制作工艺与技法

上党堆锦工序繁杂，以丝绸和棉花为主要制作材料，经设计画稿、描样、剪裁、贴飞边、压纸捻、絮棉花、压纸捻蒙丝绸、拨硬折、捏软褶、堆粘、渲染铺色、装饰、粘底板、装框等十余道工序纯手工制成。其制作过程中各部分棉花的厚薄不均，边缘粘贴的纸捻粗细各异，再加上拨折叠压时的顺序变化，整幅作品具有很强的立体感，所以上党堆锦享有"立体国画""软体浮雕"之美誉。具体制作工序如下：

一、设计画稿

首先需要深入研究创作主题，无论是历史故事、神话传说，还是自然风光、民俗风情，都需要有深刻的理解和感悟。随后，根据主题构思设计草图，将最终呈现的作品先设计成线稿图或绘成所需色彩的工笔画（图2-15）。

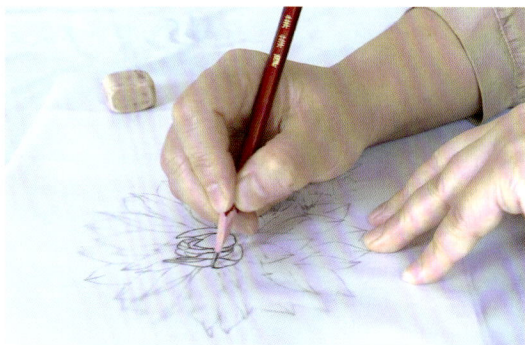

图2-15 设计画稿

二、描样

把设计好的图形按1∶1的比例描在薄板纸上。先将设计好的纹样拓印至硫酸纸上，然后将纹样拓到纸板上（图2-16、图2-17）。

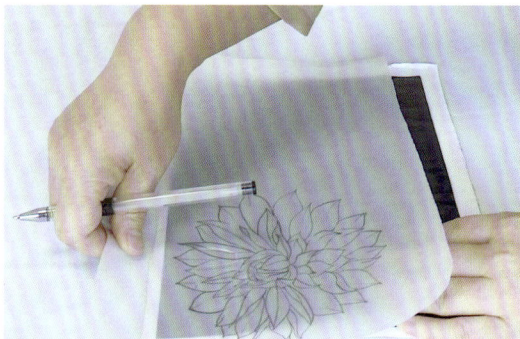

图2-16 硫酸纸描样

图2-17 纸板描样

三、剪裁

运用剪刀和刻刀，沿着描在薄板纸上的线条将纸板及布料剪裁成若干块（图2-18、图2-19）。

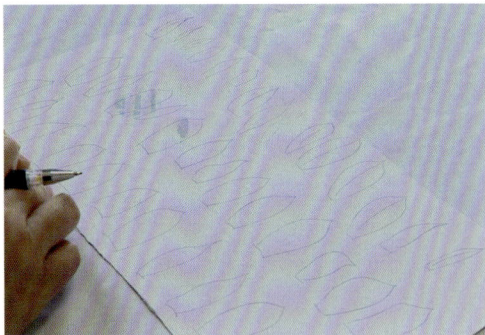

图2-18 画好的纸板

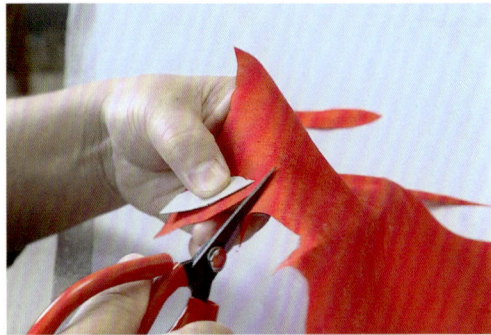

图2-19 剪裁

四、贴飞边、絮棉花、压纸捻

贴飞边即为将剪裁下的纸板贴在牛皮纸上，连同纸板一起剪下，用于连接两块相邻的纸板。所谓絮棉花，是将棉花铺在剪下的纸板上，看上去容易，实则不易。铺棉花这一步是非常有讲究的，棉花的厚薄及厚薄的部位取决于作品想要塑造的造型。压纸捻是指用坚韧的纸条搓成细纸卷儿压至纸板的边缘来达到塑形的效果（图2-20、图2-21）。

图2-20 贴飞边

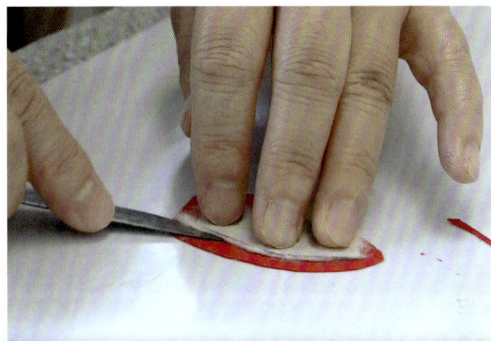

图2-21 絮棉花

五、蒙丝绸

蒙丝绸是上党堆锦中"锦"的由来。将絮有棉花的纸板用丝绸或锦缎包裹，用黏结剂粘至背面固定（图2-22）。

六、拨硬折、捏软褶

上党堆锦无论是花鸟类还是人物类的作品，"硬折"和"软褶"的运用随处可见。

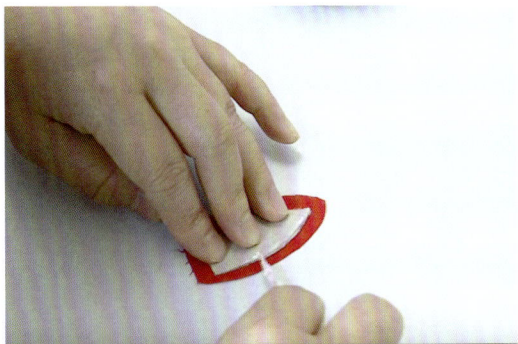

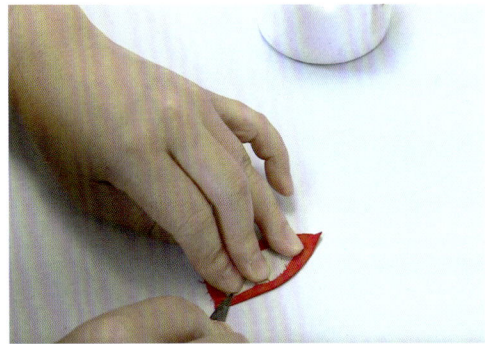

图2-22　蒙丝绸

所谓的"硬折"，是在需要拨折的地方依线条剪开，但不全部剪断，在留口的地方将蒙好的丝绸塞到剪开的口子里并粘贴固定；而"软褶"是将丝绸的一端先固定，在需要捏褶的地方将铺有"纸捻"的丝绸捏成褶子的形状再将另一端固定。"硬折"和"软褶"在作品中根据需要选用，目的是要做到造型生动、结构得当（图2-23）。

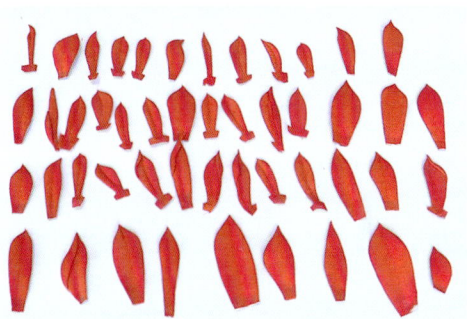

图2-23　拨硬折、捏软褶

七、堆粘

　　这是上党堆锦中"堆"的释义。把用丝绸锦缎蒙好、包有棉花的局部作品依线稿图全部堆粘在一起。这是一个考验艺术家空间想象力和构图能力的关键环节。艺术家们会根据设计草图，将各个部件一一摆放在工作台上，进行试拼和调整。在确认无误后，便使用胶水或针线将这些部件牢固地固定在一起。在组装过程中，需要格外注意部件之间的衔接和过渡，以确保整体画面的流畅与和谐（图2-24）。

图2-24　堆粘

八、渲染铺色

　　堆制好的作品选用不易褪色且易快干的颜料进行上色，通过添加色彩点缀、调整光影效果等方式来增强作品的艺术表现力（图2-25）。

图2-25　渲染铺色

九、装饰

对上好色的作品所需部位用金、银、彩线及珠宝加以装饰。

十、粘底板、装框

将堆粘好的作品用黏结剂粘到画好场景的底板上，压实后装入玻璃框子内（图2-26）。

图2-26　制作完成的堆锦作品

第五节　工艺特征与纹样

一、工艺特征

上党堆锦用丝绸、锦缎重新诠释传统意义上的绘画，无论是对人物的塑造，还是对花鸟动物的刻画，都具有很强的立体感，素有"立体国画"的美称。

1. 精湛的堆叠技艺

堆叠是上党堆锦最为核心的技艺之一，通过将剪裁好、制作好的部件通过巧妙的堆叠粘贴，形成具有立体感的造型（图2-27）。例如，在制作花朵时，创作者会先确定花朵的中心部分，然后逐层向外堆叠花瓣，每一层花瓣的形状、大小、角度都需经过制作者根据制作经验及审美观点进行不断地调整，结合捏褶、压纸捻等手法，增加花瓣的层次感和立体感，才能制作出形态自然、效果立体、栩栩如生的花朵（图2-28）。

图2-27 《吉祥图》

图2-28 堆锦制作的立体花朵

2.浮雕式的立体感

　　上党堆锦最大的工艺特色即为将传统的平面绘画变为更为精细的立体塑造。例如，在塑造人物形象时，面部及身体通过棉花的填充使其变得有立体感，发丝使用丝绸的经纬线抽丝制作使其更逼真，五官则结合绘画渲染工艺使其更传神，服饰则以粗细各异的纸捻粘贴边缘，并搭配不同面料及各种装饰品的点缀。诸多工艺共同塑造了上党堆锦的浮雕立体感（图2-29）。

049

图2-29 堆锦的立体浮雕效果

二、纹样

　　上党堆锦作品的纹样丰富多样，包含花鸟虫鱼等寓意吉祥的纹样，以及根据历史人物、神话故事、民间传说等创制的人物形象的传统纹样。随着上党堆锦的发展，还创制了如佛像、唐卡等具有佛像元素的佛教纹样，并创新开发了具有动漫等元素的现代纹样。

1. 传统纹样

传统纹样是上党堆锦作品的主要纹样之一，这些作品往往以花鸟虫鱼、历史人物、神话故事等纹样为主，通过巧妙的构思和布局，将各种吉祥图案和象征元素添加到作品中，融入吉祥寓意和美好祝愿的寓意。

花鸟鱼虫纹样包含牡丹花、菊花、梅花、孔雀、凤凰，锦鸡、仙鹤等寓意富贵吉祥的纹样。人物形象类纹样常见的有关羽、八仙、水浒英雄等家喻户晓的传说人物。如图2-30、图2-31所示，色彩绚丽的牡丹纹样与寓意着吉祥、富贵的凤凰、孔雀等华丽的鸟儿纹样交相呼应，饱含着人民群众对国家繁荣昌盛和生活幸福美满的期盼。如图2-32、图2-33所示，以人物形象纹样为主的堆锦作品，其题材主要源于文学作品、神话传说中的人物形象，这些人物形象蕴含着中华民族的传统美德、优秀品格，如水浒名将关羽，代表着忠义精神，以其人物形象创作的堆锦作品有招财进宝、驱邪保平安的寓意。

图2-30 《凤凰牡丹》

图2-31 《荣华富贵》

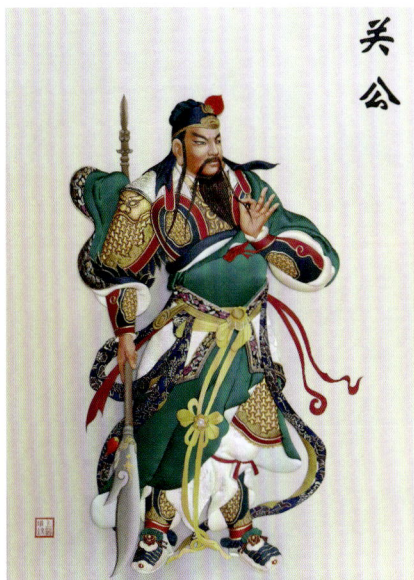

图2-32 《关公》

图2-33 《玄武大帝》

2. 佛教纹样

进入21世纪后，上党堆锦创作了大量与佛教文化相关的堆锦作品，不仅是对传统技艺的传承与创新，更是对多元文化融合的一次深刻诠释。在佛教主题的堆锦作品中，我们常常能见到庄严的佛像、慈悲的观音菩萨、繁复精美的莲花图案及对比强烈的色彩搭配，这些元素体现了佛教文化的精髓（图2-34、图2-35）。

图2-34 《药师琉璃光佛会》

图2-35 《白度母》

3. 现代纹样

为适应市场的发展和审美的变化，上党堆锦通过大胆尝试将传统元素与现代审美相结合，创造出既具有传统特色又符合现代审美需求的堆锦纹样。现代纹样不仅包含受年轻人喜爱的动漫人物，以及根据中国传统十二生肖形象创新绘制的卡通形象，也包含各类具有现代风格的纹样，如地球、和平鸽等（图2-36～图2-38）。

图2-36 动漫人物堆锦

图2-37 《和谐世界》

图2-38 卡通生肖堆锦

第六节 作品赏析

上党堆锦作品早期多以四季花卉、鸟兽虫鱼等具有吉祥寓意的图案，以及八仙、四大名著等为内容题材。随着堆锦技艺的不断发展，其内容题材也不断丰富，出现了与道教、佛教相结合的堆锦作品，以及与西方文化碰撞创制而出的油画类堆锦作品。

一、花鸟鱼虫系列

花鸟鱼虫系列作品中，常出现雍容华贵的牡丹，出淤泥而不染的荷花，清洁高雅的菊花，傲霜斗雪的梅花等，这些花朵不仅包含了中华民族的传统美德，也寓意人民对美好生活的向往。除了花卉图案，还有鸟禽等图案，如喜鹊、鸳鸯、仙鹤、凤凰等代表着祥瑞、美好寓意的鸟兽。如图2-39~图2-47中所示，通过将鸟兽与各种花朵相搭配，制作的作品色彩鲜明，形象立体，从作品中展现出人们对美好生活的向往。

图2-39 《富贵吉祥》

图2-40 《锦绣前程》

图2-41 《玉兔祥瑞》

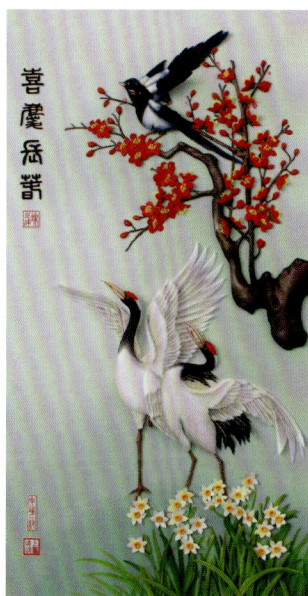

图2-42 《喜庆长春》

图2-43 《荷花》　　　　图2-44 《牡丹》

图2-45 《春色满园》

图2-46 《喜上眉梢》　　　　图2-47 《喜鹊登梅》

二、传统历史人物及名著系列

中华民族几千年传统文化通过历史人物、神话传说、文学著作代代相传。这些传统文化里蕴含了中华民族的传统美德，且在民间广为流传。上党堆锦传承人将这些中华传统文化以视觉艺术的方式表现出来，制作了如"四大美女""八仙过海""水浒"等主题的堆锦作品，不仅深受百姓的喜爱，还传播与普及了这些中国传统的历史故事、文学作品。

1. 四大美女（图2-48～图2-51）

图2-48　《贵妃醉酒》　　图2-49　《西施浣纱》　　图2-50　《貂蝉拜月》　　图2-51　《昭君出塞》

2. 三国名将（图2-52～图2-57）

图2-52　张飞　　　　　　图2-53　赵云　　　　　　图2-54　刘备

图2-55　关羽　　　　　图2-56　马超　　　　　图2-57　黄忠

3. 八仙过海（图2-58～图2-65）

图2-58　曹国舅　　　图2-59　韩湘子　　　图2-60　何仙姑　　　图2-61　汉钟离

图2-62　吕洞宾　　　图2-63　铁拐李　　　图2-64　张果老　　　图2-65　蓝采和

三、佛像及唐卡系列

　　上党堆锦的佛像及唐卡作品填补了藏传佛教唐卡艺术中没有堆锦作品的空白。通过上党堆锦技艺使本就绚丽多彩的唐卡更加光彩夺目，在佛像平面及立体两种造像形式的基础上，增加了丝质软体浮雕这一造像形式。

　　1. 十八罗汉系列（图2-66～图2-73）

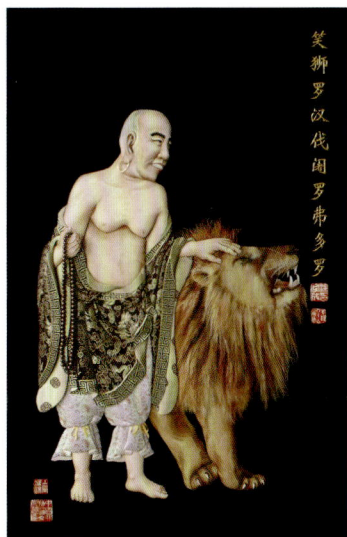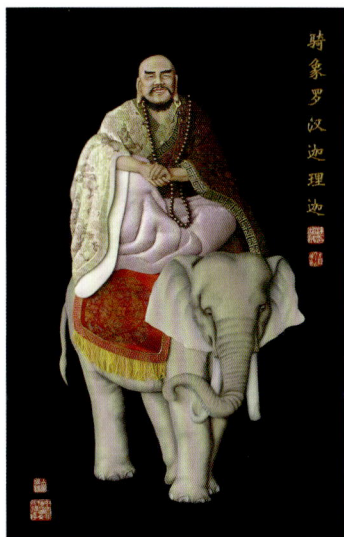

图2-66　《笑狮罗汉伐阇罗弗多罗》　　　图2-67　《骑象罗汉迦理迦》

图2-68 《过江罗汉跋陀罗》

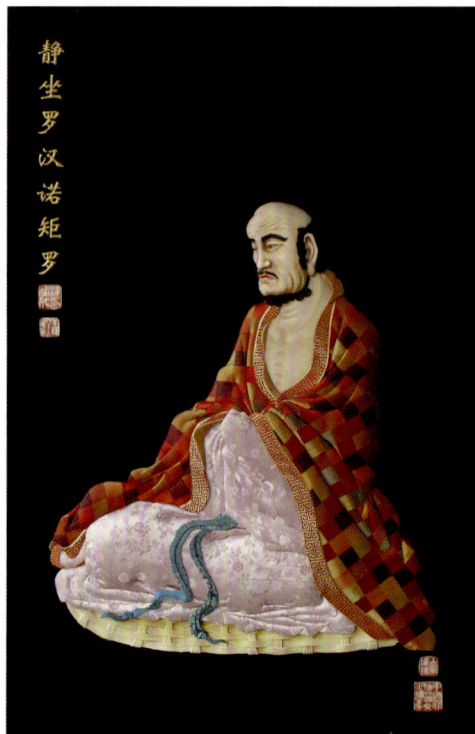
图2-69 《静坐罗汉诺矩罗》

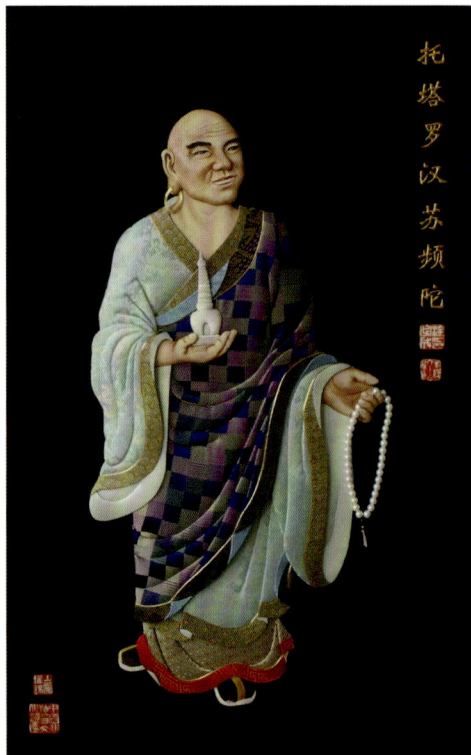
图2-70 《托塔罗汉苏频陀》

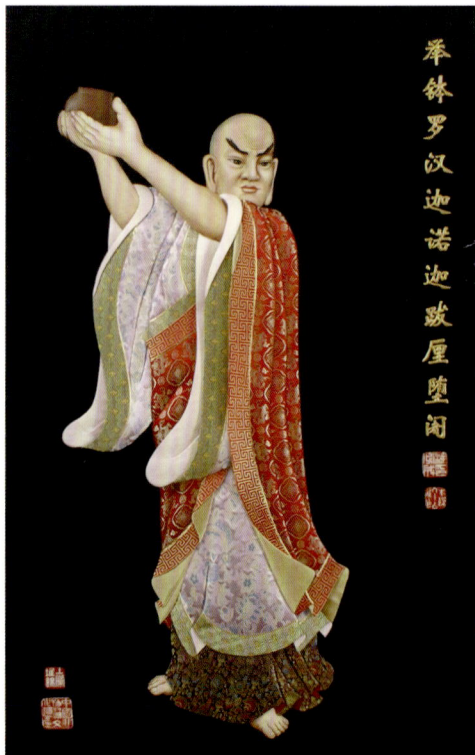
图2-71 《举钵罗汉迦诺迦跋厘堕阁》

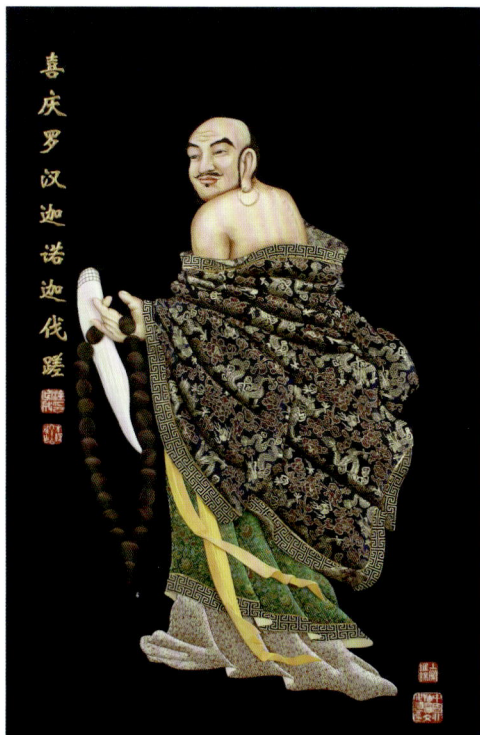

图2-72　《喜庆罗汉迦诺迦伐蹉》

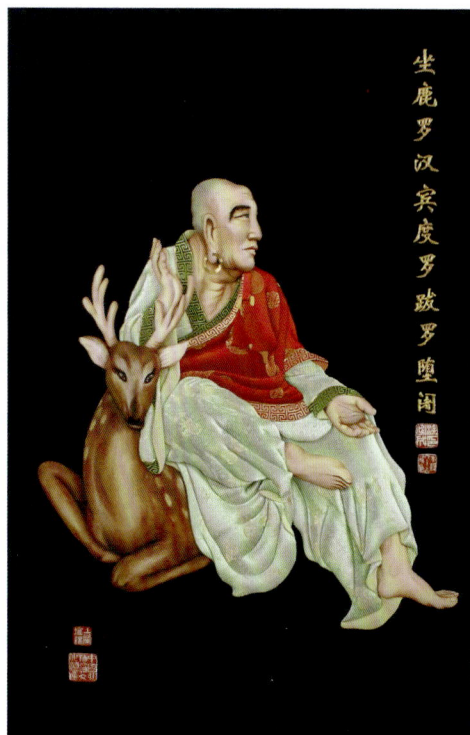

图2-73　《坐鹿罗汉宾度罗跋罗堕阇》

2. 唐卡系列（图2-74 ~ 图2-79）

图2-74　《释迦牟尼佛》

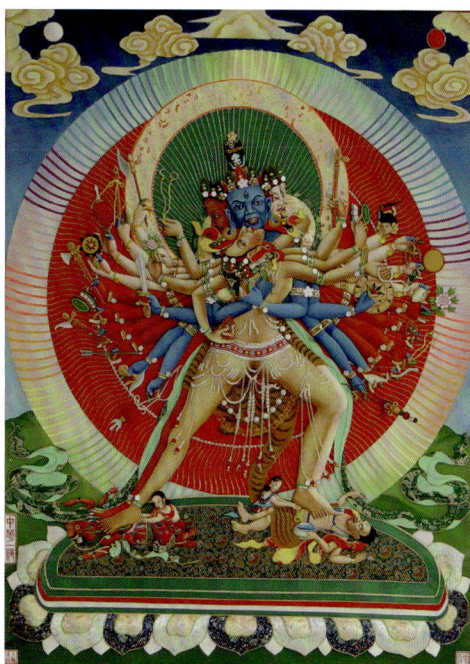

图2-75　《时轮金刚》

图2-76 《胜乐金刚》

图2-77 《千手千眼观音》

图2-78 《普贤菩萨》

图2-79 《妙音天母》

四、现代风格系列

1. 油画作品

油画作品是在堆锦工艺的基础上大胆创新，成功地研制出具有西方油画特色的中华堆锦三维立体艺术品，使东方古老的工艺美术和西方独特的油画艺术非常巧妙地融合在一起，创造出了一种崭新的艺术新品"立体油画"（图2-80、图2-81）。

图2-80 《拿破仑》

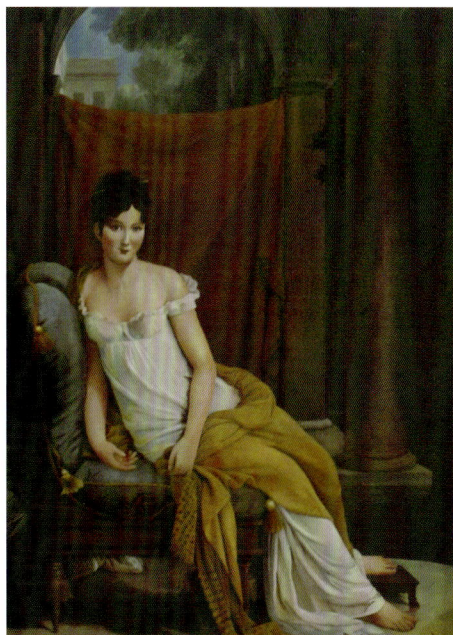
图2-81 《雷卡米埃夫人像》

2.文创作品（图 2-82 ~ 图 2-85）

图 2-82 堆锦饰品（一）

图 2-83 堆锦饰品（二）

图 2-84　堆锦饰品（三）

图 2-85　堆锦饰品（四）

第七节　传承人专访

　　笔者在实地调研上党堆锦后，对传承人韩玲女士进行了专访，就上党堆锦技艺的文化历史、技艺特色、发展现状及未来发展思路等方面进行了深入的沟通。以下是本次专访的主要内容。

一、您是怎么接触到上党堆锦这项传统的非遗技艺的？

　　韩玲：我第一次接触到上党堆锦是在我结婚的时候。我公公是上党堆锦国家级非物质文化遗产代表性传承人涂必成。从1999年开始，我就开始跟公公学习上党堆锦的制作技艺，一直到2019年的时候我公公去世了，从那之后就由我来专注于传承上党堆锦。

二、请您简要介绍一下上党堆锦的传承历史。

　　韩玲：上党堆锦起源于唐朝，距今有千余年的历史，唐玄宗李隆基在潞州担任潞州别将的时候，把这种工艺传到上党地区，后来流入了民间，逐步演变为现在的上党堆锦。上党堆锦其实有一段时间是已经消失了的，是我的公公把这项技艺又给挖掘并传承下来。他工作初期是在长治市工艺美术厂的堆锦小组，那时候他跟他的师傅学习堆锦的制作技艺，在搞设计工作的同时，也进行制作。

三、请您介绍一下上党堆锦的工艺特征。

韩玲：上党堆锦最有特色的一个工艺特征，就是它的立体效果。画画是平面的，但是用堆锦技艺体现出来，它会出现一个浮雕的过程。这一部分技艺在制作的过程中是很难掌握的。堆锦不是简单的一层一层的堆加，它需要薄的地方就要薄下去，需要厚的地方就要厚一点，才能体现出浮雕的效果。现在学习上党堆锦技艺，里面有一道工序就是铺棉花，大部分的学生都铺不好，这个工序对制作者的经验与技艺要求较高，铺棉花可以说是在堆锦制作里面最重要的精华部分。

四、上党堆锦现在的市场情况如何？

韩玲：上党堆锦是我们长治的一张名片，之前政府采购较多，现在完全是靠市场，一方面归功于非遗在全国的广泛推广，另一方面我们也在积极创新。比如说我们制作的一些胸花、耳饰，还有一些小摆件，就是普通老百姓能接受的。当然，针对高端的客户群，相应制作技艺更精良、材质更精美的堆锦产品。

五、上党堆锦的传承情况如何？

韩玲：我一直在坚持不懈地传承上党堆锦，我现在开创了堆锦制作工作室，以后我们还会逐步地来招募一些喜欢堆锦技艺的学员，不管是孩子们还是喜欢这个技艺的成年人，都可以来参加。此外，我还有一个发展方向，就是让残疾人参与到上党堆锦技艺的传承中来，通过让他们做一些简单的东西，既可以安排他们的就业，也可以把咱们的技艺发扬光大。

六、上党堆锦传承面临哪些问题？

韩玲：首要的问题是传承人短缺。上党堆锦制作及学习周期长，见效特别慢，人们不愿意去学。此外上党堆锦技艺制作时，需要耗费较大的体力，需久坐、低头，会导致身体劳累不适。虽然有个别人喜欢愿意来学习，但仍然面临着传承人短缺的情况。

七、请您谈谈对上党堆锦未来发展的预期。

韩玲：在上党堆锦的传承工作方面，我希望在继承传统工艺的基础上，从题材内容、材料等多方面进行创新，创造出既有传统特色，又符合市场审美的上党堆锦作品。对于我个人方面，我希望持续精进自己的制作技艺，制作出更加精美的堆锦作品，希望通过我的努力也得到属于我的工艺美术金奖。

八、政府对这个项目有哪些扶持工作？

韩玲：因为上党堆锦是国家级的非遗，所以政府从各方面给予了大力支持。但是我认为上党堆锦主要还是靠市场，通过不断地创新来发展。我们现在有高端的客户群，也有普通老百姓，让所有的人都能接触到咱们上党堆锦的制作技艺，把它发扬光大，是我们的目标。

第三章

民间绣活（高平绣活）

民间绣活（高平绣活）（以下简称"高平绣活"），这一源远流长的刺绣艺术，起源于山西省高平市，属于北方硬质绣，其特点是立体绣法，颜色上多采用浓烈的表现形式，且针法结实、耐磨。高平绣活的作品重神采而不求形似，体现出绣制者的艺术匠心和当地民众的审美品位。2008年高平绣活被评为国家级非物质文化遗产，归类于传统美术类（表3-1、图3-1）。赵翠林作为高平绣活的传承人，以其精湛的技艺和对刺绣艺术的热爱，不仅在2018年被评为国家级非物质文化遗产代表性传承人（图3-2），更于2023年入选首批"全国青年非遗传承人扶持计划"，成为全国20位入选者之一。她的坚持与创新，让这项古老的艺术焕发出新的活力，为传统文化的传承与发展贡献了重要力量。

表3-1 项目简介

名录名称	民间绣活(高平绣活)
名录编号	Ⅶ-77
名录类别	传统美术
名录级别	国家级
申报单位或地区	山西省高平市
传承代表人	赵翠林

图3-1 民间绣活（高平绣活）国家级非物质文化遗产项目证书

图3-2 国家级非遗代表性传承人证书

第一节 起源与发展

高平绣活是山西省高平地区流行的一种民间刺绣工艺。这种工艺通过针线在织物上精心刺缀，形成独特的图案或文字，不仅展现了绣工的精湛技艺，更蕴含了丰富的文化内涵。

一、高平绣活的起源

根据相关留存遗物考证，高平绣活的历史可追溯到明代中期。山西自然资源较为缺乏，加之常年遭受自然灾害，使得当地人民更加勤劳节俭，对衣物的耐久性要求较高。因此，当地妇女常常用剩余的丝线和布料制作耐磨的绣活，将其变废为宝。不仅如此，高平绣活与当地的婚嫁习俗也联系紧密，在女子出嫁前，需要制作大量的绣品作为陪嫁。高平绣活主要以家庭的方式进行传授，就这样一代一代流传下来。

二、高平绣活的发展

高平绣活的技艺多是通过家族内部代代相传的，尤其是母女间的传递显得尤为密切。传承人赵翠林也是自幼受母亲熏陶，对刺绣艺术产生了浓厚的兴趣，不仅致力于该项技艺本真的不断传承，还努力学习汲取全国各地不同刺绣流派的精髓，使其技艺愈加精湛。也正是凭借其卓越的技艺，荣膺了国家级非物质文化遗产代表性传承人的殊荣。除了家族传承这一传统路径，师徒制也是高平绣活得以延续的重要渠道。2009年，赵翠林创办了凤林刺绣厂，新招收的员工同时也是学徒，赵翠林亲自传授技艺与心得，将这项珍贵的文化遗产传递给新一代。

不仅是赵翠林，对于高平妇女而言，刺绣早就是她们惯常的一种社交和交流方式。在农闲时节或家庭闲暇时，她们会聚在一起，一边刺绣一边聊天，分享刺绣技巧和生活经验。这种集体活动不仅加深了她们之间的情感联系，也促进了高平刺绣技艺的交流和提高。随着时间的流逝，高平绣活在保持传统技艺的同时，也在不断地吸收新的元素和手法，进行创新和发展。现代的高平绣活作品，在继承传统的基础上，更加注重艺术性和创意性，使得这一古老技艺焕发出新的生命力。

为了进一步推广高平绣活，赵翠林积极参与各类文化活动和展览，以绣品的精湛工艺和独特魅力，赢得了广泛的关注和赞誉，得到了社会的高度认可。高平绣活被列为非物质文化遗产后，也获得了更多政策上的支持和保护，为这门技艺的传承与发展营造了良好的环境，使得高平绣活不仅得以保存，更在现代社会焕发出新的活力。

高平绣活，作为高平地区妇女文化生活的重要组成部分，不仅体现了她们的聪明才智和艺术创造力，更是当地文化传统和社会风俗的重要体现。通过一代代妇女的传承和发展，高平绣活成了连接过去和未来的文化纽带，展现了中国传统文化的独特魅力。它不仅是高平妇女的骄傲，也是中华民族宝贵的文化遗产。表3-2列出了传承人所获各项荣誉。

表3-2　传承人所获荣誉

获得时间	荣誉名称	颁奖单位	证书展示
2010 年 6 月	首届中国农民艺术节优秀项目	中国农民艺术节	
2012 年 4 月	晋城市民间工艺美术大师	晋城市人民政府	
2014 年 2 月	2013 年度民营经济发展先进单位	中共陈区镇委员会陈区镇人民政府	
2018 年 3 月	第四届山西省工艺美术大师	山西省传统工艺美术发展协会、山西省工艺美术大师评审委员会	
2018 年 12 月	2018 年中国技能大赛——山西省工艺美术首届"神工杯"刺绣职业技能大赛第二名	山西省工艺美术职业技能大赛组委会	
2019 年 3 月	2018 年度山西省"三晋英才"支持计划青年优秀人才	中共山西省委人才工作领导小组	

获得时间	荣誉名称	颁奖单位	证书展示
2019 年 6 月	个人一等功	山西省劳动竞赛委员会	
2019 年 6 月	国家级领军人才（B 类）	中共山西省委人才工作领导小组	
2019 年 8 月	"春涌长平"民间工艺美术精品展优秀组织奖	高平市文学艺术工作者联合会、高平市民间艺术家协会	
2020 年 12 月	特殊贡献奖	高平市工艺美术协会	
2021 年 1 月	2020 年度文艺工作优秀团体	高平市文学艺术工作者联合会、高平市民间艺术家协会	
2021 年 3 月	"金凤凰"创新产品设计大赛金奖	中国工艺美术协会	

获得时间	荣誉名称	颁奖单位	证书展示
2021 年 7 月	山西省妇女手工创业创新大赛金奖	山西省妇女联合会、山西省工业和信息化厅、山西省文化和旅游厅、山西省乡村振兴局	
2021 年 10 月	"太行杯"文创神工金奖	第二届山西工艺美术产品博览交易会组委会	
2022 年 8 月	第二届"百鹤杯"工艺美术设计创新大赛百鹤新锐奖	中国轻工业联合会	
2023 年 4 月	三晋技术能手称号	山西省人民政府	
2023 年 5 月	第三届"百鹤杯"工艺美术设计创新大赛百鹤新锐奖	中国轻工业联合会	

获得时间	荣誉名称	颁奖单位	证书展示
2023 年 6 月	山西非遗保护优秀实践案例	山西省文化和旅游厅	
2023 年 10 月	第八届中国(山西)民族民间工艺美术博览会暨第四届山西工艺美术产品博览交易会金奖	第四届山西工艺美术产品博览交易会组委会	
2023 年	全国青年非遗传承人扶持计划 2023 年度入选人物	中国非物质文化遗产保护协会、中国光彩事业基金会龙湖公益基金会	

第二节　风俗趣事

　　高平绣活在高平妇女和传承人手中生根发芽，饱含着一代又一代人对美好生活的向往，也凝聚了她们对于刺绣本身的坚持和热爱。高原生活经常有风沙相伴，却总有人以一片苦心育玫瑰；传承之路充满艰辛，却总有点灯人夜行寻前路。

一、高平深闺，绣绘花鸟梦神话

　　在历史的长河中，高平这片土地孕育了一种独特的文化瑰宝——高平绣活。这种技艺源远流长，自明代中期起便在这片土地上生根发芽，成为当地妇女们传承智慧与手艺的象征。她们大多生活在深闺之中，鲜有机会踏出家门，却以灵巧的双手，将心中的世界和对美好生活的向往，一针一线地绣入了绣品之中。

　　高平妇女大多能纺善绣，她们用灵巧的双手表现自己设想的题材，创造出既富有装饰趣味又富有浓郁乡土气息的刺绣作品。这些绣品不仅是日常生活的点缀，更是文化传承的载体。在服饰、鞋帽、枕头等日常用品上，妇女们绣制的图案，如龙凤呈祥、花开富贵、蝴蝶恋花还有听到的神话故事和戏剧本子，无不流露出对美好生活的向往和祝福。特别是在婚礼等重要场合，新娘的嫁衣、盖头及婚床上的被褥，都是女方家庭精心绣制的杰作，每一针每一线都寄托着对新人美满婚姻的祝愿。此外，高平绣活与当地习俗的紧密联系，体现在每一个节日庆典中。春节时的绣球、端午节的香包，都是妇女们用以表达祝福和喜悦的方式。这些绣品不仅增添了节日的气氛，更是对传统文化的尊重和传承。

二、针线之间，穿引千年

开化寺壁画是中国古代壁画艺术的杰出代表，位于山西省高平市的开化寺内。这些壁画创作于北宋绍圣三年（1096年），是我国保存面积最大的宋代寺观壁画之一，总面积达到88.68平方米。1948年，一些歹徒曾试图从壁画上刮下金箔以提炼黄金，导致壁画受到了严重损伤。尽管如此，开化寺壁画依然以其独特的艺术魅力和历史价值，成为研究中国古代壁画不可或缺的一部分。

赵翠林自幼时起就常常参观开化寺，对开化寺壁画有着很深的情感。近年来，赵翠林将开化寺壁画这一瑰宝以刺绣作品的形式呈现出来。在创作此刺绣作品前她多次前往开化寺实地考察，仔细观察壁画的细节，阅读大量文献资料了解其历史背景和艺术特色，收集了大量的资料和图片，对壁画的色彩、线条、人物形象等进行了细致的分析，为刺绣创作打下了坚实的基础。

在图案设计阶段，赵翠林面临着如何将壁画的神韵和细节通过刺绣完美呈现的挑战。她不断尝试和调整设计方案，经历了无数次的修改和完善，力求在保持壁画原貌的同时，展现出刺绣特有的艺术效果。

在创作过程中，赵翠林遇到了如何将损毁的壁画部分进行填补、壁画色彩重现等诸多的挑战，这需要高超的技艺和创新的思维。另外，还有时间上的压力，壁画刺绣工程浩大，需要投入大量的时间和精力，这对赵翠林的体力和意志都是极大的考验。

面对困难和挑战，赵翠林的心路历程也经历了从迷茫到坚定的转变。通过她的手，不仅再现了开化寺壁画的艺术魅力，使古老的壁画在绣布上焕发出了新的生命力，让更多人能够感受到中国传统文化的深厚底蕴和独特魅力，更展现了高平绣活的传统技艺和创新精神。这不仅是对传统技艺的传承，更是对文化遗产的一次深度挖掘和再现，体现出对传统文化的一次深刻致敬。

三、绣韵流芳映晋土，针尖舞动织富春

赵翠林作为高平绣活的国家级非物质文化遗产代表性传承人，不仅在艺术创作上取得了卓越成就，更在经济带动和就业带动方面做出了显著贡献。2009年，她创

办了高平市凤林刺绣厂，这个"非遗工坊"不仅是创作精美作品的基地，更是传承技艺、带动当地妇女增收的平台。在赵翠林的带领下，凤林刺绣厂开展刺绣培训，已培养了300多名绣娘，其中包括省级非遗传承人、晋城市级传承人及晋城市级工艺美术大师，为当地提供了大量的就业机会。此外，赵翠林还创新性地探索"订单式"培训，以市场需求为导向进行教学，使学员结业后能够立即在刺绣厂制作订单作品，有效解决了剩余劳动力的就业问题，促进了当地经济的发展。

赵翠林的作品曾经出口欧洲，并荣获中国工艺美术展百鹤新锐奖、中国工艺美术"金凤凰"金奖等多项荣誉。其代表作《事事如意》更是被中国丝绸博物馆收藏展示。这些成就不仅提升了高平绣活在国内外的知名度，也为传统工艺的振兴和推广做出了重要贡献。

赵翠林的凤林刺绣厂还与山西省各大高校合作开展学术研究（图3-3、图3-4），深化了高平绣活的传承与发展。

图3-3　太原理工大学聘书　　　　　　　图3-4　山西大学聘书

她的努力和成就，体现了一位传统工艺传承人对文化遗产的深切热爱和对创新性传承的不懈追求，同时也展示了她对当地经济发展和就业的积极影响。通过她的工作，高平绣活不仅作为一种传统艺术得以保存，更作为一种具有生命力的文化产业得到了发展和繁荣。

第三节　制作材料与工具

高平绣活常用到的材料与工具有布、绣线、褙子、装饰物、剪刀、顶针、绣花针、绣架、尺子、压尺、绷子、熨斗等，这些都是刺绣工作中必不可少的工具。除此之外，高平绣活常会用到褙（bèi）子。绣工将褙子按所需的大小形状进行裁剪，然后在上边进行刺绣。高平绣活在制作过程中，不同材质的装饰物和刺绣线的运用，创造出了丰富的纹理效果，增强了作品的视觉冲击力和艺术表现力。点缀和装饰物的使用是其独特风格的重要组成部分，不仅增加了作品的美观度，还体现了刺绣工艺的精湛技艺和创作者的巧妙构思。

一、底布

底布是高平绣活最基本的材料之一。色彩鲜艳是高平绣活的一大特色。高平绣活在长期的实践中总结出一套对比统一的配色规律，一般采用黑、蓝、红、鱼肚白为底布（图3-5）。

图3-5　底布

二、绣线

高平绣活绣线颜色同样十分鲜艳，在色彩搭配上颇具地方特色，增强了装饰效果。绣线颜色选择上多使用艳丽明快的颜色，与底布形成一种明朗而不耀眼、强烈而不刺目的效果（图3-6、图3-7）。绣线的材质会根据所绣内容进行搭配，如棉线、绒线、蚕丝线等。

图3-6　绣线（一）

图3-7　绣线（二）

三、褙子

褙子又称为"绣花褙子"或"绣褙"（图3-8），是刺绣过程中用于支撑和固定绣布的一种辅助材料。

褙子通常由白棉布制成，需要以面粉制浆，将三层白棉布黏合在一起。褙子具有良好的稳定性和透气性，能够保护绣布不受损坏，同时也便于绣针的穿行。褙子的厚度适中，既不能太薄以至于无法提供足够的支撑，也不能太厚以至于影响刺绣的精细度。褙子紧贴在绣布的背面，为绣布提供额外的支撑，使其在刺绣过程中保持平整，减少皱褶和变形。在刺绣过程中，褙子可以保护绣布的背面不受绣针的损伤，延长绣布的使用寿命。褙子还可以帮助刺绣者更准确地定位图案，尤其是在进行复杂图案的刺绣时，褙子可以作为辅助工具，确保图案的准确性。所以，使用褙子可以使绣面更加平整，提高刺绣作品的整体美观度。高平绣活的部分作品中，褙子常常会被保留，作为作品的一部分。褙子的使用是刺绣技艺中的一个重要环节，对于提高刺绣质量和效率都有着不可忽视的作用。

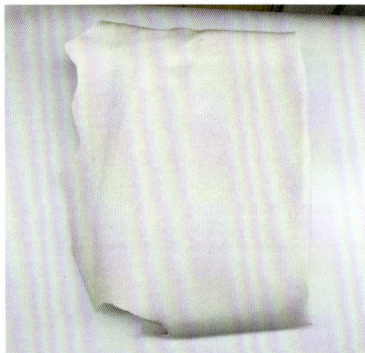

图3-8　褙子

四、装饰物

　　高平绣活在制作过程中也常用到一些点缀和装饰物以增加其视觉效果。一般会使用各种大小和颜色的珠子作为点缀，增加作品的立体感和光泽感；使用金属或塑料材质的亮片（图3-9），用于反射光线，为作品增添闪光效果；也会使用丝线或细纱制成流苏（图3-10），悬挂在刺绣品的边缘或特定部位，增加动感。

图3-9　珠子及塑料亮片

图3-10　流苏

五、其他常用工具

　　在刺绣过程中常用到剪刀、顶针、绣花针、绣架、尺子、压尺、绷子、熨斗等工具（图3-11～图3-18）。

　　压尺是刺绣者常用的辅助工具之一。压尺的主要作用是在刺绣过程中帮助固定布料，防止布料移动或皱褶，确保刺绣的精确性。对于需要直线或特定形状的刺绣部分，压尺可以作为引导，帮助刺绣者沿着直线或特定形状均匀地进行针迹。压尺通常由金属、塑料或硬木等坚硬材料制成，以确保在使用过程中的稳定性和耐用性。压尺的长度和宽度各异，可以根据刺绣作品的大小和复杂程度选择合适的压尺。

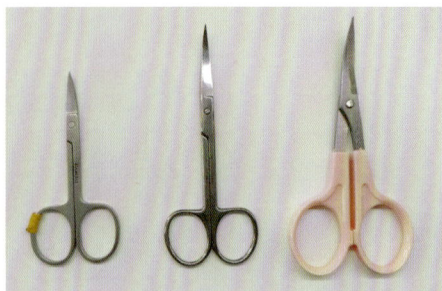

图 3-11　剪刀

图 3-12　顶针

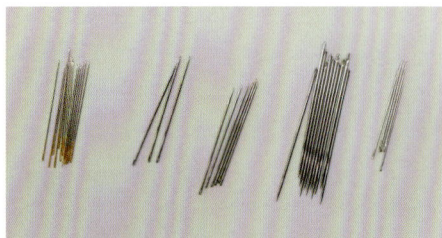

图 3-13　绣花针（一）

图 3-14　绣花针（二）

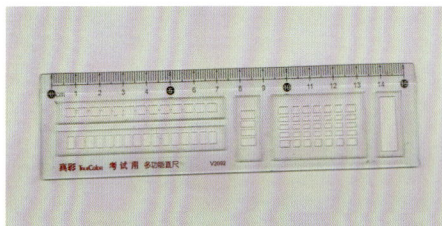

图 3-15　尺子

图 3-16　压尺

图 3-17　绷子及绣架

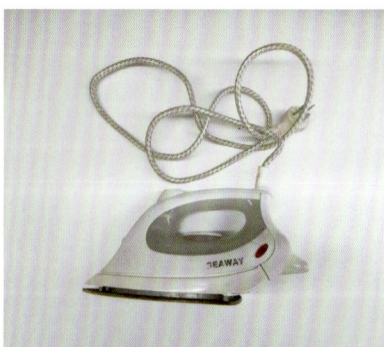

图 3-18　熨斗

第四节　制作工艺与技法

　　高平绣活，作为山西省高平市的传统刺绣工艺，以其精湛的技艺和独特的风格著称。其制作工艺主要分为两大类：丝线绣和布贴绣。

一、丝线绣

丝线绣是高平绣活中最为精细的一种形式，刺绣时会根据所绣内容选择适合的绣线，通过不同的针法和色彩搭配，展现出丰富的层次感和立体感。丝线绣的制作流程通常包括打褙子、图案设计、底布准备、丝线选择、绷布上架、刺绣制作等步骤（图3-19）。丝线绣可以制作精细的图案和细节，使用多种颜色的丝线，可以表现出渐变、阴影等效果。针法有平针绣、打籽绣、盘金绣、披金绣等。平针绣表现力最为丰富，打籽绣结实耐磨，盘金绣、披金绣则能产生富丽堂皇的效果。

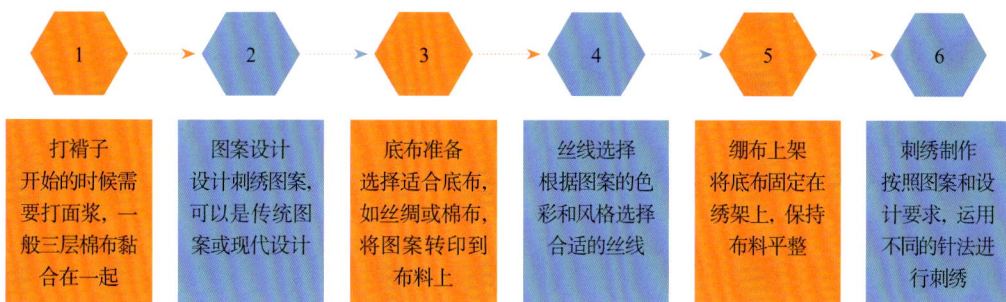

| 1 打褙子 开始的时候需要打面浆，一般三层棉布黏合在一起 | 2 图案设计 设计刺绣图案，可以是传统图案或现代设计 | 3 底布准备 选择适合底布，如丝绸或棉布，将图案转印到布料上 | 4 丝线选择 根据图案的色彩和风格选择合适的丝线 | 5 绷布上架 将底布固定在绣架上，保持布料平整 | 6 刺绣制作 按照图案和设计要求，运用不同的针法进行刺绣 |

图3-19　丝线绣制作流程

二、布贴绣

布贴绣是利用不同颜色和质地的布料，通过剪裁和缝制形成图案的一种刺绣形式，它以布料的质感和色彩为特点，展现出独特的艺术效果。布贴绣的制作流程较之丝线绣更为复杂，主要有打褙子（部分需要）、图案设计、布料选择、剪裁布料、布料组合、固定布料、细节缝制、装饰添加等步骤（图3-20）。布贴绣材质多样，如棉布、麻布等，每种布料都有其独特的质感和色彩。通过布料的层叠和堆砌，布贴绣作品具有较强的立体感。布料的自然色彩和纹理，使得作品在色彩上形成鲜明的对比和层次感。

丝线绣和布贴绣虽然在材料和技法上有所不同，但它们都是高平绣活的重要组成部分，共同体现了高平绣活工艺的精湛和多样性。无论是丝线绣的精细和色彩丰富，还是布贴绣的质感和立体感，都展现了高平绣活独特的艺术魅力和文化价值。

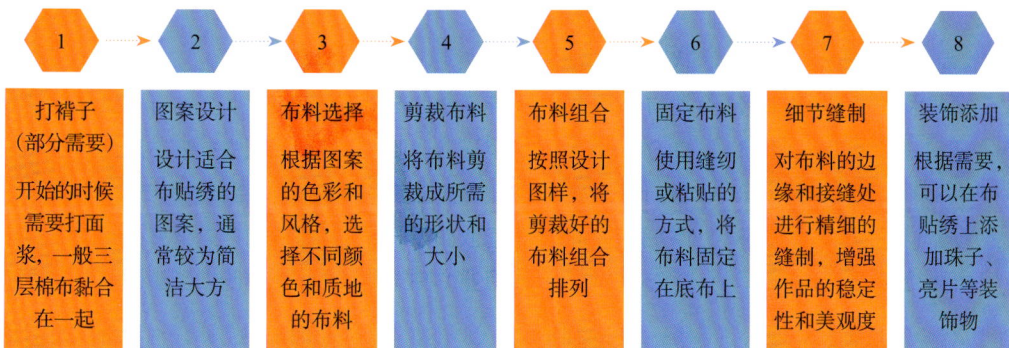

| 1 打褙子（部分需要）开始的时候需要打面浆，一般三层棉布黏合在一起 | 2 图案设计 设计适合布贴绣的图案，通常较为简洁大方 | 3 布料选择 根据图案的色彩和风格，选择不同颜色和质地的布料 | 4 剪裁布料 将布料剪裁成所需的形状和大小 | 5 布料组合 按照设计图样，将剪裁好的布料组合排列 | 6 固定布料 使用缝纫或粘贴的方式，将布料固定在底布上 | 7 细节缝制 对布料的边缘和接缝处进行精细的缝制，增强作品的稳定性和美观度 | 8 装饰添加 根据需要，可以在布贴绣上添加珠子、亮片等装饰物 |

图3-20　布贴绣制作流程

第五节　工艺特征与纹样

　　高平绣活的纹样丰富多样，主要分为动物纹样、植物纹样、人物纹样、文字纹样、自然现象纹样，每一类都有其独特的寓意和来源。

一、动物纹样

　　常见的动物纹样有龙、凤、麒麟、鲤鱼等（图3-21～图3-24），这些动物在中国文化中象征着吉祥和权力。龙是中国文化中最为重要的象征之一，代表着权力、尊贵和好运，象征着至高无上的权威和帝王之气，常用来表达对成功和杰出地位的向往。龙还与水相关联，能够控制雨水，因此在农业社会中也寓意着丰收和繁荣。凤象征美好和高贵。麒麟被视为吉祥的神兽，象征着吉祥、平安和财富，它被认为是智慧和仁慈的化身，常出现在重要的庆典和仪式中，寓意着社会和谐与国泰民安。麒麟的出现常被认为是圣贤或伟人的预兆，代表着高尚的品德和祥瑞之气。

图3-21　龙

图3-22　凤

图3-23　麒麟

图3-24　鲤鱼

鲤鱼因其跳跃的特性而象征着"鲤鱼跃龙门"，寓意通过努力和奋斗实现社会地位的提升和学业事业的成功。在科举时代，"鲤鱼跃龙门"常用来比喻学子通过科举考试获得功名。鲤鱼还与"余"谐音，因此也象征着富裕和年年有余，寓意着财富和生活的富足。

这些动物图案在高平刺绣艺术中不仅美观，还承载着人们对美好生活的祈愿和祝福，体现了中国传统文化中对吉祥寓意的追求。

二、植物纹样

植物纹样包括各种花卉、树木和藤蔓，如莲花、兰花、牡丹等（图3-25～图3-30）。莲花以其出淤泥而不染的特性，象征着纯洁和高雅。它代表清洁和超然，常用来比喻人的品德高尚，不受世俗污染。莲花还与佛教有着密切的联系，象征着觉悟和智慧。兰花被誉为"君子之花"，象征着高洁、清雅和谦逊。它代表着内敛的美德和高尚的人格，常用来表达对品德高尚之人的赞美。兰花也与文人墨客的风雅生活紧密相连，象征着文化修养和艺术品位。牡丹被誉为"花中之王"，象征着富贵和繁荣。它代表着财富、荣誉和社会地位，常用来表达对美好生活的追求和向往。牡丹的华丽和丰满也象征着家庭的和谐与幸福。

图3-25　莲花纹样

图3-26　兰花纹样

图3-27　牡丹纹样

图3-28　花卉纹样（一）

图3-29　花卉纹样（二）

图3-30　花卉纹样（三）

植物纹样在刺绣艺术中不仅以其美丽和优雅吸引人们的目光，更以其深刻的文化寓意传递着人们对美好生活的向往和对高尚品德的赞美。通过刺绣艺术家的巧手，这些植物图案被赋予了新的生命，成为中国传统文化中不可或缺的艺术元素。

三、人物纹样

人物纹样包括历史人物、神话传说中的人物及民间故事中的角色，如炎帝、哪吒闹海、七仙女的故事等（图3-31～图3-36）。炎帝被尊为中华民族的始祖之一，他的故事在高平地区流传甚广，炎帝的形象和相关故事被用来传达对先祖的敬仰和对中华文明源头的追溯。哪吒闹海的故事体现了正义、勇敢和反抗压迫的精神。哪吒以其无畏的勇气和力量对抗邪恶势力，象征着正义必胜和年轻一代的叛逆精神。七仙女的故事通常与爱情、美丽和仙缘有关，象征着纯洁的爱情和超脱世俗的美好。七仙女下凡与凡人相爱的故事，反映了人们对真挚感情的向往和对幸福生活的追求。在绣花纹样中，七仙女的形象常被用来表达对美好姻缘的祝福和对爱情的美好寄托。这些人物纹样不仅展现了中国丰富的历史文化，也传递了特定的道德观念和价值取向。

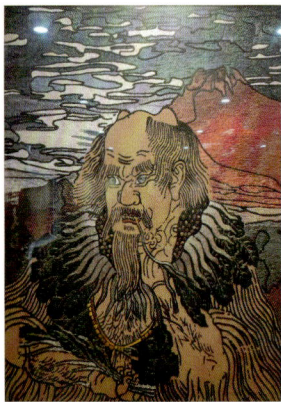

图3-31 人物一（炎帝）

图3-32 人物二（孩童）

图3-33 人物三（白娘子）

图3-34 人物四（七仙女）

图3-35 人物五（哪吒闹海）

图3-36 人物六（福寿三多）

四、文字纹样

直接使用汉字作为纹样，如"吉祥""如意""寿""喜""福"等（图3-37、图3-38）。这些文字纹样直接表达了人们的美好愿望。文字纹样在中国传统文化中占有重要地位，常用于节日和庆典中，传递吉祥和祝福。

图3-37　吉祥如意（一）

图3-38　吉祥如意（二）

五、自然现象纹样

常见的自然现象纹样如云纹、水波纹、日月星辰等（图3-39、图3-40），这些纹样通常用来表现宇宙的和谐与自然之美。云纹，通常以流畅的线条和飘逸的形态呈现，象征着天空的广阔和自由。在中国文化中，云常常与高远、变幻莫测的意境联系在一起，寓意着超脱世俗、追求精神自由。同时，云也代表着吉祥和祥瑞，常用于表达对美好未来的祝愿。水波纹则以其波动的曲线和涟漪效果，传达出流动和变化的意象。水在中国文化中是生命之源，象征着财富和繁荣。水波纹的波动也象征着生命的活力和不断前进的动力。此外，水波纹还常与和谐、平静的意境相结合，寓意生活的平和与安宁。

图3-39　肚兜刺绣中的云纹

图3-40　《福寿万代》中的水波纹

第六节　作品赏析

一、事事如意

作品《事事如意》（图3-41）是传承人赵翠林精心制作的刺绣作品，以此喜迎新年的到来，表达她对新年的美好祝愿和对传统文化的尊重。作品巧妙地将传统元素与现代审美相结合，是一幅充满吉祥寓意的刺绣佳作。该作品获得首届山西省工艺美术产品交易博览会"太行杯"金奖。

作品的中心图案由一个传统如意式云肩和一个立体绣球组成。如意式云肩上绣有春、夏、秋、冬四季花卉，象征着四季更迭中的平安与顺遂。云肩的设计不仅展现了中国传统文化中对和

图3-41　《事事如意》

谐与平衡的追求，同时也传递了人们对一年四季幸福生活的美好祝愿。

立体绣球的设计更是别具一格，由五个古钱币巧妙组合而成，寓意着财富源源不断，财源广进。这一设计既体现了人们对美好生活的向往，也表达了对新年经济繁荣的期待。

作品的第二层图案为双福双寿，传递着福气满满、长寿安康的祝福。在中国传统文化中，福与寿是人们最为重视的两大吉祥元素，它们的结合无疑为作品增添了深厚的文化意蕴。第三层图案则是四条活泼的小鱼，与"年年有余"谐音，寓意着每年都有富余，生活富足。小鱼的图案生动活泼，给人以生机勃勃之感，象征着生命力与活力。边缘部分则巧妙地将四个可爱的小狮子与四个蝠形如意相连，形成了一幅事事如意的完整画面。小狮子的活泼形象与蝠形如意的吉祥寓意相结合，不仅为作品增添了动感，也进一步强化了整体的吉祥主题。

整件作品以其精湛的工艺、丰富的文化内涵和深刻的寓意，成为新春祝福的完美载体。通过这件作品，不仅展现了高平绣活的艺术魅力，更传递了对新年的美好祝愿，让人们都能从中感受到浓浓的新春气息和深深的文化韵味。

二、瓜瓞绵绵

作品《瓜瓞绵绵》（图3-42）以其卓越的艺术成就荣获第三届中国工艺美术博览会百鹤新锐奖。该作品的制作过程凝聚了四位绣工的心血与智慧，历时八个月的精

心制作，经过七道工艺和几十个工序的严格打磨，每一针每一线都倾注了绣工们的专注与热情。近千万针的绣制，不仅考验了绣工们精湛的技艺，更体现了他们对艺术的执着追求。

整幅作品运用了三十多种不同的色调，其中十五处过渡色的处理尤为精妙，使得作品的色彩层次丰富而和谐，给人以视觉上的享受。观者在欣赏时，既能从大胆的撞色中感受到作品的美观与大气，又能从细腻的针脚中领略到绣品的清浅与婉约。这幅作品不仅展现了创作者高超的刺绣技艺，更传递了对传统文化的尊重与传承，是一次对传统工艺与现代审美的完美融合。

图3-42 《瓜瓞绵绵》

三、童帽

高平绣活为民间刺绣，作品中实用品比较多，如小童帽、儿童百岁锁、龙凤如意锁、小肚兜等小件的刺绣作品。笔者在采访中了解到，传承人赵翠林曾用多年时间进行五百余顶童帽修复工作（图3-43~图3-45），在一件件童帽修复中越发体会到高平绣活的魅力与生命力。

图3-43 童帽（一）　　　　图3-44 童帽（二）　　　　图3-45 童帽（三）

不仅如此，赵翠林还耗费近两年的时间，做了狮子帽、麒麟帽、公子帽、状元帽等多种样式的小童帽，色彩鲜明、对比强烈、立体感强。每一顶童帽用到的针法和表现形式都有所不同，生动展现了高平绣活这项古老刺绣工艺的特点。高平绣活《刺绣童帽系列》作品在首届中国工艺美术博览会上荣获"百鹤杯"工艺美术创新设计大赛新锐奖铜奖。

四、肚兜

高平绣活在肚兜上的运用源远流长，与当地妇女的日常生活和服饰文化紧密相连。肚兜作为古代中国的传统内衣之一，不仅具有实用功能，更承载着丰富的文化内涵和审美价值。在高平地区，肚兜常被用作新娘的嫁衣或儿童的服饰，其上绣制的图案通常富有吉祥寓意，反映了人们对美好生活的向往和祝福。

高平绣活肚兜的纹样多样，常见的有花卉、瓜果、虫鱼、蝴蝶、吉祥鸟和瑞兽等，这些图案不仅美观，还蕴含着深厚的文化象征意义。在色彩运用上，高平绣活肚兜以鲜艳明快为主，对比强烈，但又和谐统一。常用的颜色有黑、蓝、红等，通过巧妙的色彩搭配，展现出绣品的立体感和层次感。在表现手法上，注重神似而非形似，常常采用夸张变形的手法，使图案更加生动活泼，富有艺术感染力（图3-46~图3-49）。

图3-46　肚兜（一）

图3-47　肚兜（二）

图3-48　肚兜（三）

图3-49　肚兜（四）

第七节　传承人专访

赵翠林女士是高平绣活的国家级非物质文化遗产代表性传承人。她自幼受家庭影响，对刺绣充满热情，经过多年的刻苦钻研和实践，精通高平绣活的关键性工艺技术和各种绣法针法。赵翠林不仅在技艺上形成了自己的特点和风格，而且在传承和发展高平绣活方面做出了巨大贡献，成立凤林刺绣厂，多次参加国内外展览并获奖，致力于将这一传统技艺传承给更多人。笔者有幸对赵翠林进行了专访（图3-50、图3-51），以下是访谈内容。

图3-50　凤林刺绣厂参观（中为赵翠林）

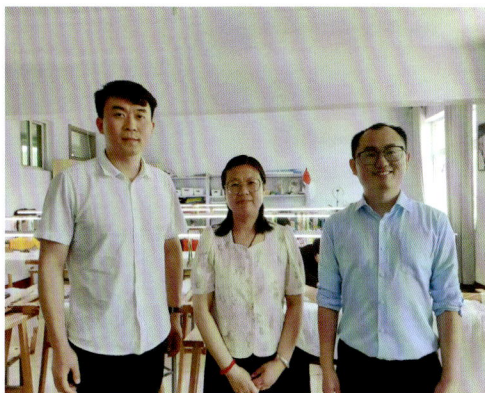

图3-51　工作场地参观（中为赵翠林）

一、您作为高平绣活的传承人，是如何接触到这项技艺的？

赵翠林：我从小受家庭影响，母亲擅长剪纸，父亲书法很好，在我们村镇都非常有名。我在这样的家庭氛围中长大，自然受到了熏陶。从小就非常喜欢艺术，特别是对色彩丰富的东西感兴趣，喜欢画画。但高平绣活在我小时候的作品很少，我见到的民间留存的东西不多，我就学习其他地方的刺绣技艺，比如苏绣、汴绣和粤绣。开办凤林刺绣厂后，我每天都在不断学习，参加展会，与其他优秀的老师交流。

二、在您了解和学习到不同的绣法后，对高平绣活有什么创新？

赵翠林：高平绣活的发展是一个融合的过程。如今交通和信息发达，每年有很多展会，可以不断学习，把好的技法和经验融入自己的作品中。我认为传承不仅是传承，还要发展。要让古老的东西融入现代生活，产生经济价值，才能传承和发展下去。以前的高平绣活主要是实用品，针对生活小物件的刺绣。现在社会在进步，人们的审美和需求也发生很大变化，我们需要结合时代进行创新。所以，现在在绣制小件实用品的同时，加强了创新，常常做一些大型作品，如《炎帝》《事事如意》等，特别是近期一直努力将刺绣与山西本地文化相结合，将开化寺壁画这一瑰宝以刺绣形式传承下去就是典型代表。

三、在《开化寺壁画》作品的创作中有遇到什么困难吗？

赵翠林：困难每天都有，我们每天都在创作。每天我都在思考用什么针法、什么颜色去适配。开化寺壁画经过上千年的发展，颜色已经退化。我们在绣制时，要尽量保持原来的风格。刚开始时，我们觉得颜色有点浅，所以重新调整了色调。这个过程非常严谨，需要请教专家、查阅资料。我们希望把壁画绣成原来的样子，但有些地方已经无法修复，我们也想办法努力完整地绣出来原貌，希望能将开化寺壁画作品作为高平绣活的一个代表作。

四、凤林刺绣厂是现在主要的制作场地吗？目前是否以刺绣厂收益作为主要的经济来源？

赵翠林：是的，在刺绣厂还没有成立之前是一个小的家庭作坊，就在我家楼上。2009年成立了凤林刺绣厂，开始创作自己的作品。早期主要为外地制作订单，如《百骏图》等。随着国家对高平绣活的重视，现在一方面做一些小件物品进行售卖，以维持工人工资和刺绣厂的基本运转；另一方面加强产品的推广工作，每年产出一些大型的作品，去各个展览会宣传高平绣活，让更多的人了解这项瑰宝技艺。

五、您在传承和推广高平绣活方面遇到了哪些困难？

赵翠林：首先是传承人群的问题。懂得这门技艺的人年纪已经偏大，可能再过几年就不适合做细致的刺绣工作了。而年轻人对这门艺术兴趣不高，加之刺绣的收益较低，他们更倾向于选择其他多元化的工作机会。其次，刺绣工作需要极大的耐心和热爱，现在的年轻人很难坐下来专注于这项技艺。此外，经济问题也是一个难题，创新和发展需要团队的支持，而团队的运作需要经济基础，如果经济上无法支撑，其他方面的进展也会受限。

六、您是如何吸引和培养年轻的刺绣爱好者的？

赵翠林：尝试过非遗进校园的活动，我在晋城的一些院校教授非遗课程，每周去上一次课，让学生们至少知道高平绣活是什么。在这一过程中，也有些学生表现出了兴趣，不过真正能够坚持下来的学生很少。我们也尝试过为初学者提供基本补助，以吸引他们加入，这个模式在一定程度上还是成功的。

七、您如何看待乡村振兴和产业振兴？

赵翠林：去年我被评为"全国乡村工匠名师"。我认为，作为乡村工匠，应该为乡村振兴贡献自己的一份力量，国家在这方面下了很多功夫。总的来说，高平绣活的传承和发展需要解决传承人老龄化、年轻人兴趣缺乏、经济支持不足等问题。这需要政府、社会和我们共同努力，通过政策扶持、资金投入和教育培训等多方面的支持，加上我们不懈的努力传承和创新，一定可以改善现状并可持续发展下去。高平绣活既是一份文化的传承，同时也能带来一定的经济收益。现在刺绣厂里的员工很多都是附近居民，刺绣非遗带动了当地就业，我觉得振兴高平绣活对高平地区的乡村振兴和产业振兴都非常有意义。

第四章

蚕丝织造技艺（潞绸织造技艺）

潞绸，因潞安府而得名，它是中国三大名绸之一，也是北方丝绸的杰出代表。潞绸作为晋商品牌，与汾酒齐名，潞绸被更是因厚重精美而曾经御贡明清五百年。

潞安府（吉利尔）潞绸集团，是潞绸的唯一传承单位，始建于1958年。原名晋东南高平丝织印染厂，20世纪七八十年代被誉为"太行山上一枝花"，其代表作品"潞绸织锦被面"一度风靡全国，是国民婚礼的象征物。2014年，蚕丝织造技艺（潞绸织造技艺）成功入选国家第四批非物质文化遗产代表性项目名录（表4-1、图4-1）。

表4-1　项目简介

名录名称	蚕丝织造技艺（潞绸织造技艺）
名录编号	Ⅷ-99
名录类别	传统技艺
名录级别	国家级
申报单位或地区	山西省高平市
传承单位	山西吉利尔潞绸集团织造股份有限公司

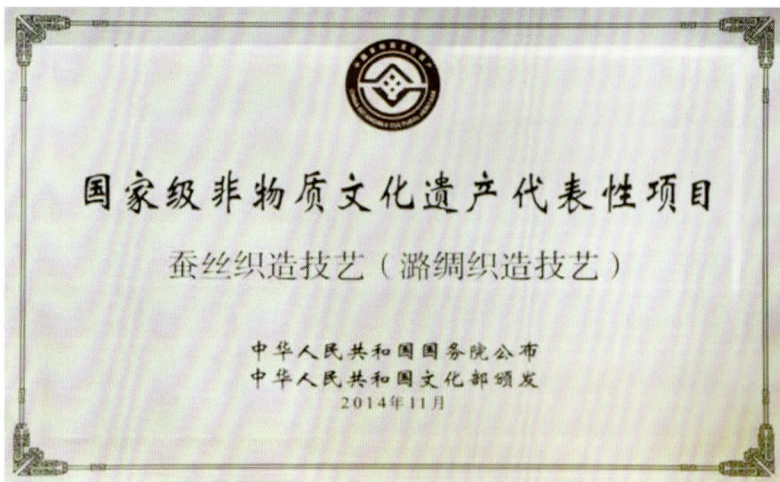

图4-1　蚕丝织造技艺（潞绸织造技艺）国家级非物质文化遗产代表性项目证书

第一节　起源与发展

一、潞绸织造技艺的起源

相传，上古时期黄帝的妻子嫘祖发明了植桑养蚕和缫丝制衣，由此让人类告别了蛮荒，进入了男耕女织的时代。嫘祖始蚕的"泫水之地"山西，也顺理成章成为我国北方重要的养蚕和纺织基地。

山西自古在长城沿线进行边外贸易，春秋战国时期山西商旅逐渐北越长城，穿内蒙古、南俄草原，经中亚、西亚西北部抵达欧洲形成丝绸之路前身——草原丝绸之路。西汉和东汉先后经甘肃、新疆到中亚、西亚，并联结地中海的陆地商贸，形成贸易范围最广、商品最多、对政治经济影响力最大的自由贸易通道。平城（今天的山西大同），成为当时草原丝绸之路的重要城市和中转站。

隋唐时期山西丝绸兴盛已久，享有"南淞江，北潞安，衣天下"的历史佳话，丝绸也成为山西出口最多的商品。宋代以后，以沿海口岸为起点，东到日本等，南到印度各地，进而通阿拉伯、地中海及欧、非二洲的商贸逐渐繁荣，形成海上丝绸之路。

金末元初，山西木质缫丝、织绸、炼染技术已具有相当高的水平。明弘治四年（1491年），朝廷在山西设立织染局，负责管理潞绸生产、调剂、运输、上贡等事宜，专为皇家生产潞绸。这一举措使得潞绸在潞州形成了庞大的织造规模，不仅成为山西省进贡的主要产品和赋税的大宗来源，还代表了明清时期山西乃至全国纺织技术的较高水平。据《潞安府志》记载，洪武初年，潞州六县有桑树8万余株，织机9000余张，绸庄丝店遍布街巷，机杼之声随处可闻。明万历年间，潞绸发展到鼎盛时期，不仅作为皇室贡品，也成为全国的畅销品。"士庶皆得为衣"，此时潞绸作为普通百姓的饰品，充分融入民间，作为一种衣着饰品，承载了深刻复杂的审美、习俗等文化内涵，代表了灿烂的中华丝绸文化。

明代潞绸也"流衍于外夷，号称利薮"，山西商人东线出海一直比较活跃，明代有贩运价值十万银两商品到日本的记载。清代也是潞绸长足发展的阶段，据史书记载，长平、上党两地每年生产丝绸达3000匹，乾隆年间《潞安府志》记载：高平、长治等地有织机13000台，登机鸣杼者数千家。清院本《清明上河图》上更是描绘出了潞绸店招牌。1937年日本侵华战争爆发以后，山西丝绸的发展受到重创。新中国成立初期，山西丝绸业得以恢复，高平成立南王庄丝绸合作社，潞绸生产得以延续。改革开放时期，山西丝绸业再次取得长足发展。

二、潞绸织造技艺的发展

随着国家改革开放和市场经济体制转型，1994年高平国营丝织厂在王淑琴的主导下将车间独立出来，成立了吉利尔服装公司。1999年王淑琴接手了吉利尔服装公司，并担任董事长，定位做高端礼品。公司极其注重品质建设，促使其市场销售量和社会知名度不断提高，成为华北地区一枝独秀、太行山上一颗璀璨的明珠。2014年，吉利尔服装公司在业务运营上对产品做了"断舍离"调整，专注深耕于"新娘潞绸被"产品。同年11月，潞绸织造技艺被列入国家级非物质文化遗产名录。2019年，潞绸文化园入选国家第三批工业遗产项目。2023年，为了更好地传承和发展潞绸文化和潞绸织造技艺，"吉利尔"更名为"潞安府"。潞安府集团主打产品是"新娘潞绸被"，主要有手绣、织锦、印花和提花四大系列，潞安府潞绸集团先后荣获"中国高档丝绸标志认证"和"中国驰名商标认证企业"。

潞绸织造技艺传承至今，离不开一代代潞绸工匠人的初心不改和守护传承。潞绸织造的每一道工序都极为细致，各道工序环环相扣，每一步都非常关键。传统的技艺需要在传承中创新，在创新中传承，每一代传承人至少要投入30年的专注。潞绸织造技艺第四代传承人王翠红接受笔者专访时也提到：潞绸织造的每一道工序都极为细致，大多都需要手工参与。一床潞绸被需要298道工序，375天才能制作完成。

近年来，高平市以潞安府潞绸集团为龙头，以潞绸产业为核心，加快推进潞绸文化园升级改造，打造集蚕桑农业、康养文旅、潞绸文化、传统婚俗等产业于一体的潞绸专业镇，叫响以"多彩潞绸"为代表的"彩"色品牌，为全市传统优势产业改造提升、高质量发展注入动能。2023年7月，潞安府潞绸集团成为"外事接待窗口"挂牌单位（图4-2）。集团以此为契机，将"传承丝绸文明、重铸潞绸辉煌"作为终身使命。2024年1月，"中国·山西——西班牙经贸合作交流会"在巴塞罗那隆重召开，山西集中展示了一批极具特色的产品（图4-3），国家非遗"潞绸"凭借其绚丽的中国色彩，高品质的浮雕感，赢得了全体中外嘉宾交口称赞。2024年7月30日，55年前制作完成的中国非遗潞绸作品《毛主席去安源》亮相圣彼得堡俄罗斯国家博物馆。圣彼得堡俄罗斯国家博物馆作为俄罗斯最负盛名的博物馆之一，中国潞绸在此惊艳亮相，是俄方对中国丝绸文化的高度认可和赞赏。2024年8月4日，在俄罗斯中国华铭中心，潞安府潞绸集团和万里茶道商贸公司签署了战略合作协议（图4-4），非遗潞绸从坤宁宫到女儿婚房，再到俄罗斯奢华酒店，不同的是时空的变幻，相同的是人们对美好生活的追求和向往！民族品牌，迈向国际，正是祖国繁荣强盛给予的底气和力量。

图4-2 潞安府潞绸集团"外事接待窗口"挂牌

图4-3 潞安府集团在"中国·山西——西班牙经贸合作交流会"上展示潞绸产品

图4-4 潞安府潞绸集团和万里茶道商贸公司签署了战略合作协议

第二节　风俗趣事

一、曾经的时尚风向标

　　高平丝织厂，最早是合作社，在20世纪七八十年代的时候是高平国有单位中效益最好、文化生活最丰富的工厂之一。当时高平有很多知青点，高平丝织厂是其中一个重要知青点，它接纳了很多来自全国各地的知识分子，特别是一些来自南方的知识分子，他们具有丰富的文化知识和开阔的眼界，为当时高平丝织厂的发展注入了新鲜血液。当时的工厂都要开展文艺汇演活动，高平丝织厂工人参加文艺活动的积极性很高，举办文艺活动的水准也很高，因此高平丝织厂每年都要出一个文艺节目，作为高平市文艺汇演的压轴节目，丝织厂成为高平的一个文化名片。不仅如此，当时当地很多人还都非常欣赏高平丝织厂女工的穿衣打扮，并把她们的穿衣风格作为时尚引领，去观察今年服装流行什么风格。可以说高平丝织厂当之无愧地成为当时当地的时尚风向标。

二、纹样上的爱情故事

　　潞绸婚被有一个经典的龙凤呈祥的被面纹样，远看龙、凤在祥云中飞舞，近看有一乘龙吹箫的男子（名萧史），还有一驾凤吹笙的女子（名弄玉），这是一个美好的爱情故事。相传春秋时期，秦穆公有个小女儿叫弄玉，她特别喜欢品笛弄笙。秦穆公特别疼爱弄玉，他找到能工巧匠把一块美丽无瑕的璞玉做成一只笙，弄玉用此一吹，就像凤凰和鸣。在弄玉到了十五岁适婚年龄的时候，当时世家大族都提倡联姻婚俗，但是弄玉决心找一个爱好相同、志同道合的伴侣。有一天晚上，弄玉正在阁楼上吹笙奏起"凤凰鸣"的曲子，乐声回荡夜空，如天上仙乐，忽然，她听到一阵袅袅的洞箫声，似乎从东方天际飘忽而下，分明和自己的曲子相和相鸣，这就是"笙箫和鸣"的来源。于是秦穆公就派人去华山寻找那位吹箫人，果然找到一位叫萧史的少年，并邀请他到宫里和弄玉合奏笙箫。弄玉看到萧史时非常高兴，他们在合奏笙箫的时候就引来了天上的龙和凤，这就是"龙凤呈祥"的由来。秦穆公原本想让弄玉和萧史在宫里生活，但是弄玉和萧史都喜欢山间自由自在的生活，于是他们二人分别骑着赤龙、彩凤，驾着祥云，飞向山间，结为终身伴侣。所以潞绸婚被和婚服多以龙凤呈祥为纹样，表达爱情的美好和婚姻的幸福。

第三节 制作材料与工具

一、制作材料

潞绸制作的原料选用晋城地区太行山蚕茧织造的4A级以上优质生丝（图4-5）。每一颗蚕茧都来自北纬36度，海拔1200米以上的南太行山脉，获国家地理标志保护，一年只产两季，茧大丝长，单茧抽丝可达1200米以上。

为了满足人们在日常生活中对丝织品的多元化需求，潞绸织造过程中也会加入棉花（图4-6）和大麻（图4-7）等其他纤维，从而织造出不同功能属性的丝织品。蚕丝、棉花、大麻等不同纤维的应力和应变指数如图4-8所示。

图4-5 蚕茧

图4-6 棉花

图4-7 大麻

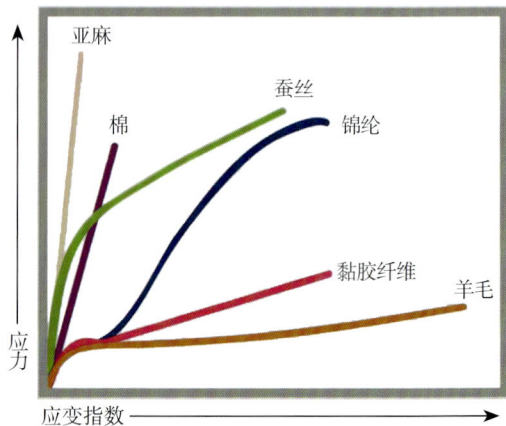

图4-8 不同纤维的应力和应变指数

二、织造工具

织造潞绸所使用的传统工具目前已经不再使用，现在主要借助机器进行生产。目前使用的机器主要有纺丝车、络丝机、捻丝机、整经机、打纬机、浆丝机等。图4-9所示为织机装造解析图。

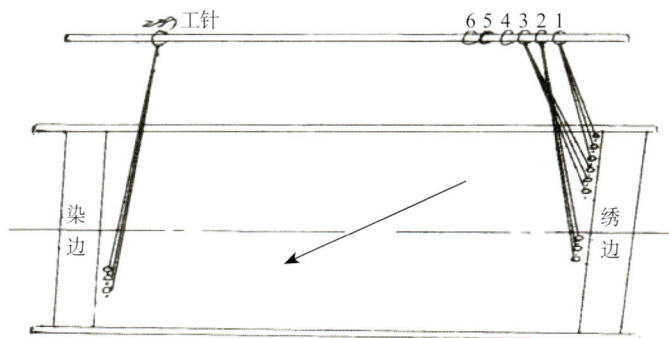

图4-9 织机装造解析图

1.纺丝车

纺丝车（图4-10）的主要作用是将蚕丝或纤维原料纺制为线或纱线。

2.络丝机

络丝机（图4-11）主要作用是将纱线从原纱筒上转到绕线筒上，加工成一定规格的丝束，并在此过程中清除丝线上的杂质和疵点，增加纱线张力，从而提高后道工序的生产率。

图4-10 纺丝车

图4-11 络丝机

3.捻丝机

捻丝机（图4-12）主要功能是将多股细纱整合并捻成单一的线型制品，以满足织造的需求。

4.整经机

整经机（图4-13）的主要功能是将纱线按照特定的工艺要求进行整理，使纱线之间紧密排列，形成一致张力，为后续织造过程提供稳定的基础。

图4-12　捻丝机

图4-13　整经机

5.打纬机

打纬机（图4-14）的主要功能是将引入梭口的纬纱推向织口，与经纱交织，形成符合设计要求的织物。

6.浆丝机

浆丝机（图4-15）的主要功能是将纱线或纤维浸泡在浆液中，然后通过烘干等工艺使浆液牢固地附着在纱线上，从而增强纱线的强度和耐磨性。

图4-14　打纬机

图4-15　浆丝机

三、刺绣工具

1.绷框和绣架

绷框是刺绣的主要工具，有大、中、小三种型号，绷框架在绣架上进行刺绣（图4-16）。

图4-16　绷框和绣架

2.绣剪

潞绸刺绣常使用型号较小且锋利的绣剪（图4-17）。

3.绣针

潞绸刺绣一般选用细的绣针（图4-18）。

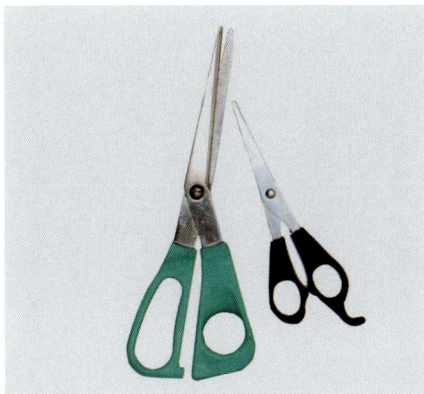

图4-17 绣剪

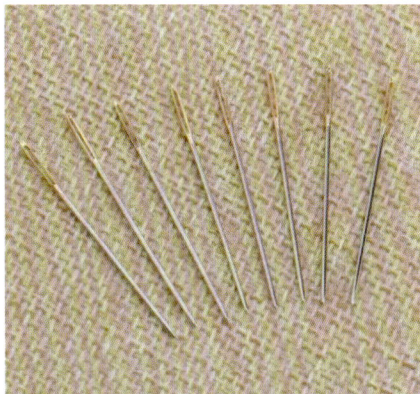

图4-18 绣针

第四节 制作工艺与技法

一、传统织造技艺与技法

潞绸传统织造技艺的核心工艺主要包括：经丝、纬丝、纹版设计与制作、织造、分层染色、纹样刺绣等内容。

1.经丝

（1）原料分档。对蚕丝原料进行经纱和纬纱分档，分档后加浆浸泡，再上不同颜色以区分经纱和纬纱。

（2）浸渍（泡丝）。浸渍俗称泡丝，它是生丝在络丝之前的准备工作，因此也称络前准备。主要掌握以下环节：浸渍液的pH值、浸渍温度、浸渍时间、浸渍液的成分、浸渍用水。为此，曾经的高平国营丝织厂专门配备了两口40米深的水井，使用时间长达60多年。

（3）缫丝。将蚕茧抽出蚕丝的工艺概称缫丝。传统潞绸的缫丝方法，选用40米以下深井水将蚕茧浸在热盆汤中煮熟，然后经过索绪、理绪、集绪、捻鞘、络交、卷取、干燥等多道工序。蚕茧缫成生丝后，便可进入丝织阶段。用手抽丝，卷绕于缫丝脚踏车丝筐上。盆、筐、木制脚踏车就是原始的缫丝器具。

（4）络丝。络丝就是把绞装或其他卷装形式的丝线根据不同的工艺要求，卷绕成下道工序所需要的卷装形式，有利于下道工序的加工。

（5）整经。将一定根数的经纱按规定的长度和宽度平行卷绕在经轴或织轴上的工艺过程即为整经。经过整经的经纱供浆纱和穿经之用。整经要求各根经纱张力相等，在经轴或织轴上分布均匀，色纱排列符合工艺规定。中国春秋战国时期在丝织生产中采用耙式整经。元代《梓人遗制》中记载了经耙整经法。

2.纬丝

（1）并丝。并丝一般可分为有捻并丝和无捻并丝两个大类。如要求并合丝线有捻度，即一般作经线的丝线，可采用有捻并丝。对于特殊用途的丝线，要求并合后丝线无捻度，则采用无捻并丝。

（2）扬返。扬返是指将缫丝后卷绕在小笼上的生丝重新卷绕成大笼丝片或筒装生丝的过程，也称为复摇。

（3）染色。染色是指通过特殊工艺使染料分子固定在丝线上，以达到着色的目的。染色工艺流程主要包括预处理、染色、后处理三个步骤。

（4）络丝。工艺同经丝中的络丝，这里不再赘述。

（5）卷纬。卷纬是将络成筒的色丝，利用卷纬设备，按照工艺要求将丝卷绕到纤管上，加工成纤子，供织造工序使用。

（6）穿梭打纬。将纬纱按照一定的顺序穿入梭口后，梭子进行来回穿梭，使纬纱和经纱紧密交织（图4-19）。

图4-19　穿梭打纬

（7）打码子。打码子俗称作记号，是通过长木棍来测量确定布匹的长度，木棍的长度即一个度量单位，每次度量，都要进行标记。打码子木棍用黑色胶带包裹，以减少纱线磨损。

（8）接头。接头是指当织完当前卷经轴上的经线时，需要将当前经轴上的经线与新经轴上的经线相连接。这个工序要求手工将新旧两组经线按顺序一根根连接起来，所以需要织工有很好的耐心。

3. 纹版设计与制作

（1）纹样。纹样就是构思设计各式各样的精美图案，纹样是决定潞绸产品好坏的重要标志。

（2）意匠。首先将纹样变为二进制的意匠图，使纹样以点的形式在纸板上呈现，然后通过手工点意匠将纸板上雕刻的意匠图打成孔（图4-20），最后将这些打孔的纸板拼接起来（图4-21），手工点意匠是该环节的核心。像20世纪60年代的经典作品《毛主席去安源》，是当时全国最大的织锦画像，用到纹版56000多张。现在仍然传承的潞绸织锦被面，也需要纹版15982张。

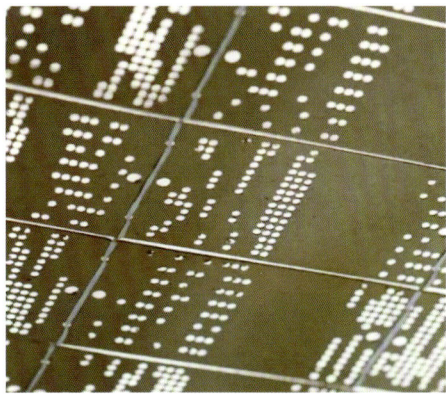

图4-20　手工点意匠

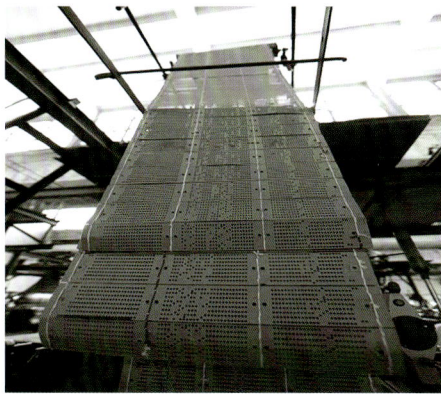

图4-21　纹版拼接

（3）配色。配色就是根据纹样的设计颜色，将丝线染成相应的颜色，从而呈现色泽精美的织锦图案。《毛主席去安源》织锦画像使用16种彩色丝和7把梭。

4. 织造

织造工序一般采用潞绸经典的经纬交织、彩织锦纹的织锦技艺（图4-22）。织锦技艺非常复杂，一床完整的非遗款经典织锦潞绸被，需要375天、大小298道工序才能完成，这还不包括前期画稿和纹版设计制作。

图4-22　织造

5. 分层染色

织造完成后是染色工序，手工染色工艺一般包括脱胶、染色、清洗、固色和整理五道工序。但是潞绸采用的是分层染色技术，提前染了经线，但不染纬线，然后直接去织，等织好以后，再来染一遍或者两遍。这样之前已经染过一种颜色的经线和未染色的纬线一同上染就又是一种颜色，经线纬线再次一起染第三遍，于是又有了新的颜色，如此反复层层上染（图4-23）。染料选用天然橡树壳，低碳、环保、健康、无污染。真丝、棉纤维和人造丝染色工艺有所不同，真丝和棉纤维都需要进行脱胶，人造丝则不需要脱胶；人造丝和棉纤维需要固色，而真丝不需要固色。

图4-23　分层染色效果

6. 纹样刺绣

刺绣是潞绸织造技艺中不可或缺的一道工序，通过各种刺绣方式使潞绸产品呈现出更加丰富多彩的图案纹样。潞绸主要有手绣、织锦、印花和提花四大系列，手绣主要包括平针绣、打籽绣和盘金绣三种。

二、数字化设计与织造流程

随着当今数字技术的快速发展，将潞绸传统织造技艺和数字化技术相融合，是潞绸织造技艺实现创新和可持续发展的必经途径。潞绸织造的数字化设计与加工流程主要包括数字化设计流程和数字化织造流程。

1. 数字化设计流程

（1）纹样设计。首先使用数码设备获取纹样电子图片，其次使用计算机软件对电子图片进行绘制处理，最后在保证图片不失真的前提下，调整图片尺寸，改变图像像素。

（2）意匠设计。首先利用计算机软件和纹织CAD（计算机辅助设计）软件对处理好的电子图片进行分色处理，其次将电子图片转换成符合生产需要的织物颜色图片，最后按工艺要求进行小样参数设计，利用纹织CAD系统建立纬纱排列信息，设定样卡文件。

（3）纹板文件的生成。首先选取合适的组织库，其次利用纹织CAD软件检验各项指标是否符合织物实际生产的设计要求，最后通过样卡文件进行纹板处理，生成上机EP（绘制实时变量的波形）文件。

2.数字化织造流程

（1）工艺准备。数字化织造工艺准备是在浸丝、整经和打纬等程序基础上，进行织物规格规划、纹针数规划等处理流程。

（2）工艺参数设计。工艺参数设计包括原料参数、纱线颜色及密度参数、织品结构参数和意匠纹样参数等。

（3）织造。将生成的EP文件导入生产车间的数控系统，进行潞绸织锦的数字化生产。

第五节　工艺特征与纹样

一、工艺特征

潞绸的产量因受蚕茧产量和手工织绣时间的限制，而无法量产，只能做精品。因此潞绸传承人王淑琴提出："我们要在1厘米的宽度上用1公里的深度去耕耘。"潞绸以其柔滑、温润的质地和华丽、精美的图案而闻名于世，成为中国传统文化的重要符号之一，其工艺特征充分彰显了质感美、功能美和工艺美。

（一）质感美

虽然潞绸具备丝绸一样柔滑万般的特点，但不像南方丝绸那样自带清凉感，潞绸软而糯，自带温度与柔情，宛若母亲的怀抱、情人的素手，一旦相处就不舍相离。潞绸织造的每一个环节都需要专业匠人手工参与，如此做出来的潞绸织品不仅华丽精美，而且富有人的温度。

（二）功能美

潞绸的功能美包含了自然功能美和社会功能美两方面。潞绸的自然功能美是其作为精美华丽的家纺、服饰和装饰品等表现出来的自然属性，潞绸织品伴随着人的成长全过程，从出生、成长、结婚到老去。潞绸的社会功能美是潞绸织品表现的社会属性，明清时期潞绸兴盛的一个重要原因是宗教文化的兴盛和社会礼制的完善极大增加了潞绸织品的需求量，即潞绸被大量用作礼乐饰品、文书和经书封面。2024年的复旦大学本科生录取通知书也采用潞绸织造技艺面料作为封面，将独特的"复旦蓝"与非遗文化融合在美好寓意中尽显古籍装帧美学魅力，打造复旦独有的浪漫情怀。

（三）工艺美

潞绸以其独特的织锦和分层染色技艺，使其织品的纹样图案呈现立体浮雕感，在不同角度都有流光溢彩的色彩感。手工点意匠图是潞绸织锦的核心技术，首先将图案变为二进制的点点意匠图，再将这些点点在提花纹板（也就是雕刻有意匠图的纸板）上打成孔，手工点意匠图是图案在织造环节的解码。一匹潞绸被面就需要16000张这样的纹版组合起来，手工穿线后上机织造，才能织出飞龙、凤凰和祥云等美好的图案。手工匠人一个一个打孔的过程枯燥且漫长，但是手工点意匠图织出的潞绸所具有的肌理感和浮雕感是机器无法替代的。丝绸一般的染色工艺，都是一次性的，将一块面料放在一个染缸里，染出来是什么颜色就是什么颜色，而潞绸不是，它采用"分层染色"工艺，使潞绸呈现出灿如云霞的颜色，色泽延展渐进，温润华丽，经久不褪。

二、颜色与纹样

（一）颜色

潞绸主要采用中国传统文化中金、木、水、火、土的五行色。其中金对应白色，在中国色中称为玉白，玉白色象征明亮纯净，代表婚姻的纯洁；木对应绿色，绿色清爽伶俐，象征着生机勃勃、坚强和希望；蓝色代表水，水是灵动的，代表智慧，蓝色深远而神秘，代表稳静和庄重，水在时间发展与物质空间上表现为阴的力量；火对应红色，也称中国红，红色代表着吉祥喜庆、积极热烈，是一种乐观向上的颜色，在时间发展与物质空间上表现为阳的力量；黄色代表土，也称吉金色，给人愉快、温暖、丰收和希望的感觉，这种感觉是和谐且融洽的，此为阴阳相和，象征新婚夫妻和和睦睦。而丰收与希望则代表承前启后的力量，这种力量在时间发展与物质空间上体现为"结构关系"，象征着美好的婚姻。

（二）纹样

唐宋之后，中国古代纺织图像艺术蓬勃发展，纹样图案包罗万象，从朴素的植物、动物，到壮丽山河，再到厚重的人文素材，都是纹样艺术创作的来源。潞绸的图案纹样遵循中国大类丝绸的发展规律，同时受到地方文化的影响，潞绸纹样呈现出独特的艺术风格。随着潞绸纺织技术不断进步，现代审美观念和传统艺术相互融合，潞绸形成了更加丰富多元的图案艺术风格，不同题材的纹样反映了人民对美好生活的追求和探索。通过实地走访调研和查阅相关文献资料，可以将潞绸图案纹样分为自然纹样和人文纹样两大类。表4-2列出了各种潞绸纹样题材。

表4-2 潞绸纹样题材

纹样类别	纹样代表
花草果木	葫芦、梅花、月季、蔓草、玉兰、桃子、牡丹、竹子、莲花、菊花、芙蓉
飞禽走兽、鱼虫类	蝴蝶、蝙蝠、鲤鱼、鳜鱼、孔雀、仙鹤、鸳鸯、喜鹊、鸳鸯、锦鸡、蜜蜂
地理气象	水纹、云纹、日月、星辰、山纹、雷文
人文纹样	龙、凤凰、龙凤呈祥、同心结、如意、宫灯、铜钱、芭蕉扇、八吉祥

1. 自然纹样

潞绸的自然纹样源于人们日常生活所依赖的自然环境，云纹、水纹、花果草木和福兽祥物等都是潞绸纹样的题材。

（1）植物题材纹样。植物题材纹样在潞绸发展鼎盛的清明时期，已经十分成熟和完备，是潞绸纹样的典型题材，代表了潞绸独特的风格特色，植物纹样常见的题材有葫芦、梅花、月季、蔓草、玉兰、桃子、牡丹和竹子等（图4-24）。不同植物纹样有着不同的寓意，比如葫芦谐音"福禄"，寓意多子多福；梅花象征五福捧寿；月季花代表爱情的纯洁和美好；蔓草象征生生不息、长寿和吉祥；玉兰象征高雅和高尚；桃子象征着祥瑞和长寿；牡丹象征着吉祥富贵、繁荣昌盛；竹谐音"祝"，表达祝愿美好，同时竹子比喻品德高尚，竹节象征节节高升。现存出土的古代潞绸实物代表作有明代万历年间的木红地折枝玉兰花纹潞绸、故宫博物院珍藏的木红地桃寿纹潞绸和定陵出土的长安竹纹潞绸等。

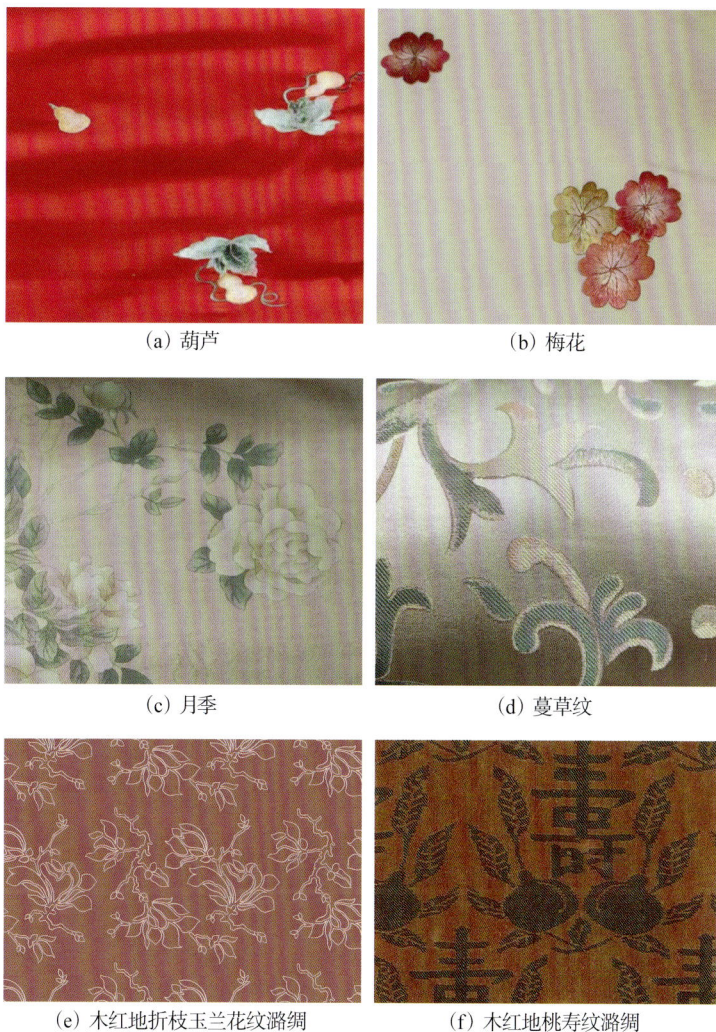

(a) 葫芦

(b) 梅花

(c) 月季

(d) 蔓草纹

(e) 木红地折枝玉兰花纹潞绸

(f) 木红地桃寿纹潞绸

图4-24

(g) 牡丹

(h) 长安竹纹潞绸

图4-24　植物纹样

（2）动物题材纹样。相对于静态的植物，动态的动物题材纹样更能体现健康活力和祥瑞如意。潞绸动物纹样（图4-25）常见的题材有鱼、蝙蝠、蝴蝶等，不同动物纹样代表不同的寓意。比如鱼谐音"余"，寓意富足满盈，在泽潞地区鱼类纹样多用于女子出嫁时的嫁妆，表达对新婚夫妇的美好祝福和对新生命的渴望；蝙蝠谐音"遍福"，在中国文化中是一种吉祥福寿的象征；蝴蝶一般代表纯洁、自由的爱情。

(a) 宝鱼

(b) 蝙蝠

(c) 蝴蝶

图4-25　动物纹样

（3）自然地理气象题材纹样。潞绸自然纹样（图4-26）有日月星辰、云纹和水纹等，其中最具代表性的是云纹和水纹。云在传统文化中被看作是天造的自然圣物，是富贵吉祥的象征，因此又称"祥云"。水纹在形态上和云纹类似，也具有圆润的曲

(a) 祥云

(b) 水纹

图4-26　自然纹样

线，水纹常以海浪、水浪的形式出现，代表着吉祥如意、滔滔不息。

2. 人文纹样

潞绸的人文纹样（图4-27）主要以中国传统文化元素为主，包括龙、凤凰、如意、宫灯、铜钱、同心结、芭蕉扇、龙凤呈祥和吉祥八宝等图案，都象征着吉祥欢庆、好运连连、和谐美满、传承延续。

(a) 龙凤呈祥　　　　　　(b) 同心结　　　　　　(c) 如意

(d) 宫灯　　　　　　　　(e) 卡通龙

图4-27　人文纹样

潞绸织品还将以上各种纹样进行巧妙的组合搭配，形成了更多精美新颖的纹样。当前潞绸在纹样设计上也勇于创新，将传统纹样和现代艺术设计相融合。例如，把传统纹样中的龙爪、龙鳞、鱼纹提取出来，代替原有的具象的纹样，用这些元素做一些抽象的现代艺术处理，这样既保留了中国纹样的神韵，又拥有了现代审美的灵动简洁。潞绸在纹样设计上也注重年轻人的喜好，例如，将动漫卡通风格和传统的中国龙相结合，设计出卡通龙的纹样，增强了潞绸的艺术设计感，深受现代年轻人喜爱。

第六节　作品赏析

一、潞绸婚被系列

（一）玛瑙珠绣潞绸婚被

玛瑙珠绣潞绸婚被（图4-28）以手绣工艺为主，需要一个专业绣娘历时三年才能完成的一套婚被。床尾毯上面图案金色部分采用的是盘金绣，使用的是金丝线。其中龙凤双喜图案来源于坤宁宫帝后大婚时所用被褥上的一个龙凤双喜图案，其工艺非常细腻，看上去就好像是印花工艺一样。床尾毯上还珠绣了28000颗红玛瑙和360颗绿松石，红玛瑙和绿松石的直径大约为2毫米，远看和线绣融为一体，两者相得益彰。床尾毯部分面料是镂空的，它采用在战国时期就有的抽纱绣工艺，将一整块面料的经纬线从中间抽出来，呈现出镂空状，代表经纬交织、岁月镂空。婚被边缘部分的图案是缠枝莲花纹，一共绣了108朵缠枝莲花头，108来源于一年十二个月，二十四节气，七十二气候，这些数字加起来正好是108，所以108代表着婚姻的圆满。特别在缠枝莲花纹中间还隐绣了63个囍字，在《易经》里63代表着圆满轮回，由此象征婚姻的圆满传承。

图4-28　玛瑙珠绣潞绸婚被

（二）海水江崖潞绸婚被

海水江崖潞绸婚被（图4-29）是以海水江崖图案为主题的盘金绣工艺，海水江崖上面附绣着祥云，给人以大气、祥瑞、富贵的感觉。海水江崖里面镶绣宝鱼、宝莲、宝伞、宝瓶、胜利幢、白海螺、吉祥结和金法轮等吉祥八宝，寓意婚姻吉祥如意，福智圆满。

图4-29　海水江崖潞绸婚被

（三）龙凤双喜潞绸婚被

龙凤双喜潞绸婚被（图4-30）是以坤宁宫帝后大婚时所用龙凤双喜图案为主题的盘金绣工艺，龙凤双喜图案周围环绕附绣着祥云和蝙蝠，寓意吉祥如意，好运洪福。龙凤双喜图案下面以宫灯作为流苏吊穗连接祥云和蝙蝠，不仅有"点灯""添丁"的意思，而且寓意新人前程似锦。

（四）多子葫芦潞绸婚被

多子葫芦潞绸婚被（图4-31）主要采用绒绣工艺，婚被中间是一个由葫芦藤蔓环绕着吉祥八宝的图案，四周点绣着许多小葫芦，仔细看每个小葫芦的线条形状各不相同，寓意多子多孙、吉祥多福、家族兴旺。葫芦婚被配有葫芦抱枕和如意靠枕，它们和婚被相映成趣、相得益彰。

图4-30　龙凤双喜潞绸婚被

图4-31　多子葫芦潞绸婚被

二、四季被系列

除了精美的潞绸婚被，潞绸织品还包括人们日常使用的春秋水洗被、夏天的凉被和凉席。四季被主要采用织锦工艺，因为蚕丝本身有丝胶，丝胶入水后会结块，所以蚕丝是不能水洗的，但是潞绸把丝胶经过纳米技术处理，将其固化，从而使蚕丝被可以水洗。夏凉被和夏凉席是蚕丝和棉麻相结合的面料，也称丝麻，丝麻是潞安府潞绸集团自主研发的一种新型面料。蚕丝柔软具有韧性，棉麻挺阔延展，两种面料相融合，给人以既凉爽又透气的质感。丝麻是潞绸织造技艺的一项重要创新。四季被的颜色主要以金、木、水、火、土五行色为主，图案以龙凤呈祥和笙箫和鸣为主，也有一些是简单图案的四季被，例如，四季被"暗香"是以梅花为图案，四季被"金枝玉叶"是以枝叶和蝴蝶为图案，整体看起来大方雅致。另外，潞安府潞绸集团还将现代数字技术引入潞绸织造技艺中，通过仿真数码提花技术为被面增添了各种独特的花型和图案（图4-32）。

(a) 四季被"笙箫和鸣"

(b) 丝麻凉席

(c) 四季被"暗香"

(d) 四季被"金枝玉叶"

图4-32 潞绸四季被系列

三、潞绸服饰系列

潞绸服饰产品是潞绸织造技艺的一个重要领域，主要产品包括丝巾、睡衣、宝宝服等。

（1）丝巾（图4-33）。潞安府潞绸集团为龙年专门设计了龙元素的丝巾，丝巾将传统文化和现代风格相结合，设计出流行的卡通龙风格，可爱又大气，特别能吸引现代年轻人的眼光。丝巾边缘的卷边则采用手工密针反卷边工艺，一针一线都精雕细琢。

（2）睡衣（图4-34）。潞绸睡衣系列主要采用真丝和丝麻两种面料，消费者可以根据自己的喜好选择相应的面料。

图4-33　潞绸丝巾

图4-34　潞绸睡衣

（3）宝宝服。潞安府潞绸集团为小宝宝打造了日常丝绸用品，如宝宝被、肚兜、手套和斗篷等（图4-35、图4-36）。图案采用提花工艺进行织造，主要为同心结、芭蕉扇、葫芦、祥云和铜钱等中国传统元素。

图4-35　龙年宝宝被

图4-36　宝宝肚兜、手套和袜子

四、艺术品系列

（一）《毛主席去安源》

以20世纪60年代的油画《毛主席去安源》为原型制作的潞绸织锦画卷，高2.25米，宽1.6米，是当时全国最大的织锦画像，由3名工人花费了半年多的时间，使用了56000多张底板，最终用多彩的潞绸呈现出的完整作品，也是当时高平丝织厂技术力量的最高体现。其丰富的色彩和细腻的笔触，完全复刻了原版油画，更因潞绸特有的质感而呈现出柔美的光泽，令画卷中的人物与环境都拥有了更为灵动的神采风姿。

（二）复旦大学本科生录取通知书

2024年复旦大学本科生录取通知书封面采用的就是潞绸（图4-37）。相比普通蓝，"复旦蓝"更加清澈，如果颜色调配比例失衡，颜色会发"飘"，缺少厚重感。虽然潞绸日常使用靛蓝居多，但为还原"复旦蓝"，项目实验室调配了三种颜色，每个至少精调3遍，经过9次筛选，才诞生了专属"复旦蓝"。同时，为确保绸坯头尾颜色一致，工匠们反复试验，尝试不同染色投放角度、力度，确保通知书封面得到品质保障。录取通知书封面，灵感来自故宫丹陛石上龙凤云纹石雕图样，对其进行再设计，先将图案绘成意匠图，再将其变为点状，在纸板上逐一打成孔，解码图案，形成提花纹板，随后打破规则感，以乱序的四方颠倒图案进行织造，最终形成龙凤云纹，该纹样也极好地应和2024甲辰龙年，取其美好寓意。

图4-37　2024年复旦大学本科生录取通知书封面

第七节　传承人专访

从最为畅销的传统潞绸被面，到现在的可水洗蚕丝被、精品婚被，以及更多婴童床品、家居用品，再到各式各样的生活艺术品，潞绸在稳健且扎实地可持续发展。笔者前往山西省高平市潞绸文化园对潞绸织造技艺进行实地调研采访后，对传承人王淑琴和王翠红两位女士进行了专访，以下是本次专访的主要内容。

一、您作为董事长，同时又是传承人，您认为潞绸非遗传承取得巨大成就的关键是什么？

王淑琴：潞绸非遗传承取得巨大成就的关键在"不变"和"变"的有机结合，

以不变应万变。"不变"指的是潞绸从作为丝绸之路上的商品，到皇室的贡品，再到今天的潞绸婚被，一直秉承着精工细作的传统工艺，从未改变。"变"指的是时代和人们的消费风格一直在变，因此在时代洪流中潞绸织造技艺不断在升级，潞绸织造产品不断在发展。在"不变"的匠心坚守与"万变"的时代浪潮中，潞绸非遗传承将继续保持初心，通过不懈的努力与创新，更好地讲述中国故事，让这份珍贵的文化遗产在世界的舞台上绽放更加耀眼的光芒。

二、您如何看待潞绸的国际文化属性？

王淑琴：潞绸之所以传承千年走到今天，与它的使命关系重大。潞绸在古丝绸之路上就是东西方文化交流的使者，在山西境内发现很多古罗马钱币，说明很早的时候山西的丝绸已经到了古罗马。在2023年的"一带一路"国际合作高峰论坛上，习近平总书记在谈到共建"一带一路"的经验时表示，古丝绸之路之所以名垂青史，靠的不是战马和长矛，而是驼队和善意；不是坚船和利炮，而是宝船和友谊。所以说潞绸不仅是一种纺织品，更是一个文化交流的使者，它是表达善意和友谊的桥梁，通过潞绸产品的使用和潞绸文化的宣扬让国际友人来重新认识今日之中国。

三、请您谈谈潞安府潞绸集团对于潞绸织造技艺的传承理念和目标。

王淑琴：潞绸织造技艺是企业传承，因为潞绸织造技艺是人与人之间围绕不同工序技术所形成的分工协作的体系，所以其实我是众多传承人中间的一个代表。我们是有这样一个目标，不是让一个人学会潞绸织造技艺，让某个人去传承，而是慢慢地共同协作，共同努力，共同成长，让大家都成为潞绸织造技艺的传承人，我们现在就是按照这个目标去努力的。所以在潞绸今后的传承中，传承主体不一定是某个人，它可能是某个团队，也可能我们车间整体会成为潞绸织造技艺的传承集体。

四、请您谈谈您是如何开始从事潞绸织造工作的。

王翠红：1993年我进入高平国营丝织厂，进厂后我就一直在车间从事挡车工作，挡车是慢而简单的工序，我是一步一步从简单的工艺学习到复杂的工艺。2012年我开始转向车间工艺，那时候我的师傅是车间管理员，我是工艺员，我就跟着师傅学习潞绸织造工艺。后来我又负责管理工艺六年，接着管理车间三年，最后又转到产品开发上，做意匠工作，所以我对织造的每个工序都有一定了解。不过我对印染不是很了解，印染是专门有一个印染车间，它是织造完成后的下一步工序。

五、您是如何看待潞绸传统织造技艺的？

王翠红：潞绸传统织造技艺的工序流程十分复杂，主要包括装机、织造、印染和纺绣四个方面。传统的纺织机器装配就是一个耗时耗力的过程，织造工序更是包括缫丝、络丝、整经、打纬等多道烦琐程序，每一道工序，也都是相当复杂。特别是点意图工序难度十分大，原来都是用二进制打纸板，有时候一年多都不一定能完成，现在采用的模块化组织系统，工艺效率提高了很多。

六、传承人有单独的工作室还是和普通工人一块工作？

王翠红：潞绸织造的工序复杂，对协作性要求高，需要许多工人在一块工作才能完成。比如说我是做意匠的，我需要和打纸板的工人、织造的工人密切配合才能高质高效地完成整个织造工作，所以传承人和普通工人一般在同一个车间一起工作，并不分离。但是我们有传统工艺大师工作室，在那里做产品研发，大师们在进行创意创新的时候需要有独立的空间，这样能使他们更好发挥创作灵感。

第五章

传统棉纺织技艺（惠畅土布制作技艺）

惠畅土布制作技艺是山西省运城市永济市的传统棉纺织技艺，发源于永济市东开张村的胡氏家族。2017年，惠畅土布制作技艺被评为山西省第五批非物质文化遗产代表性项目。2021年，其正式被选入第五批国家级非物质文化遗产代表性项目名录，名录类别为传统技艺（表5-1、图5-1）。2019年，余艳平被认定为省级非物质文化遗产的代表性传承人（图5-2）。2025年，余艳平被认定为第六批国家级非物质文化遗产代表性传承人。余艳平自幼爱好纺线织布，并拜胡家第十七代织布传人胡拾气为师，致力于该传统手织布技艺的保护、继承和创新。作为第18代传承人，余艳平创办了手织布传习所、培训班，并担任培训老师亲自授课，将织布技艺发扬光大。

表5-1　传统棉纺织技艺（惠畅土布制作技艺）简介

名录名称	传统棉纺织技艺（惠畅土布制作技艺）
名录编号	Ⅷ-100
名录类别	传统技艺
名录级别	国家级
申报单位或地区	山西省运城市永济市
传承代表人	余艳平

图5-1　传统棉纺织技艺（惠畅土布制作技艺）国家级非物质文化遗产代表性项目证书

图5-2　山西省级非遗代表性传承人证书

第一节　起源与发展

一、惠畅土布制作技艺的起源

惠畅土布制作技艺主要分布在山西省运城市永济一带，这一地区是全国首批优质棉生产基地，种植棉花历史悠久。据历史记载，从7世纪开始，棉花从印度传入中国后，纺织技艺逐渐由麻纺转为棉纺。到了元代，受到黄道婆纺织技术改革的影响，永济市民间的纺织技艺日渐成熟。永济东开张村气候温润，所产棉花色泽洁白、手感绵软、品质优良，为当地居民纺线织布提供了有利条件，纺织之风盛行于该村，东开张村的妇女们几乎个个都是纺织能手，其中最具代表性的是当地胡氏家族，他们的织布技艺流传至今，已有400余年的历史。

据民国时期胡家祠堂族谱记载以及现存的胡氏传人讲述，惠畅手织布的传承情况见表5-2。

表5-2　惠畅土布制作技艺传承人

代别	姓名	性别	出生时间	传承方式
第15代	胡传京	男	1893年	家族
	胡织女	女	1895年	家族
第16代	胡风仙	女	1919年	家族
	胡风彩	女	1928年	家族
第17代	胡稀罕	女	1946年	家族
	胡拾气	女	1952年	家族
第18代	胡月爱	女	1962年	家族
	余艳平	女	1964年	师徒

二、惠畅土布制作技艺的发展

惠畅土布制作技艺的代表性传承人余艳平从小爱好纺线织布，在当地纺织之风的熏陶和祖母的纺车日夜回响之声的影响下，她对纺线织布从新奇到爱好，从生疏到娴熟，每一针每一线都承载着她的劳动和智慧。当余艳平在这复杂的工序过程中遇到问题，便会向同村的胡家第十七代传人胡拾气请教。胡拾气作为胡氏家族的织布高手，对从采棉到上机织布的各个工序都十分熟悉，经常热心帮助前来请教的村民。于是，余艳平便拜胡拾气为师，将这门传统技艺继承下来并发扬光大。

20世纪70年代，随着无梭织布机技术的进步和普及，机器织布在全国范围内得到了广泛的采用和发展，而传统手织布渐渐淡出市场。同时东开张村的大部分年轻人也都外出打拼谋生，东开张村发展前景堪忧。当时作为村党支部书记的余艳平就带领大家进行产业改革，去北京出差途中发现手工编织的老粗布因其更加天然健康而"返璞归真"，被当时很多大都市的人们所喜爱，于是余艳平抓住机会，以手织布为中心带领村民们发展农村经济。

2005年，余艳平组织当地织布能手收购织布机、纺线机等设备，在东开张村成立惠畅纺织品有限公司；2006年，余艳平以土布纺织技艺为依托，与东开张村60余名具有老粗布手工制作技艺的村民们联合成立了惠畅棉花专业合作社；2012年，为传承和创新发展手工土布产业，惠畅文化创意有限公司成立（图5-3），采用"公司+

合作社＋农户"的模式，开展老粗布的设计研发，将土布技艺发扬光大。截至2024年，公司拥有老粗布生产加工设施500余套，现有员工180人，现有产品72种，产品远销俄罗斯、南非、新加坡等地（图5-4）。同时，余艳平还创办了手织布传习所、培训班（图5-5），亲自担任培训老师，向小学生、大学生和有意学习传统棉纺织技艺的人们进行授课（图5-6），为当地及周边妇女提供了大量就业机会，带动了东开张村的经济发展和惠畅土布技艺的广泛弘扬。

图5-3 惠畅文化创意有限公司

图5-4 余艳平为外国客商介绍手织布

图5-5 惠畅土布制作技艺传习所

图5-6 小学生在惠畅文化创意有限公司研学

考虑到手织布的生产效率较低和劳动成本较高等问题，为了使手织布产品能够更好地适应当今市场需求，余艳平在传承惠畅土布制作技艺的过程中，也在不断地对制作工具、工艺、花色等进行创新和改进，多次获得国家实用新型专利和外观设计专利，并先后获得山西省新农村建设"十大杰出党支部书记""山西省三八红旗手""山西省巾帼科技致富带头人""中国经济女性成就人物""全国妇女创业之星""山西省劳动模范""山西省巾帼建功标兵"及"运城市十大杰出女性"等荣誉称号。传承人余艳平及其创建的惠畅文化创意有限公司所获部分荣誉及获奖证书见表5-3。

表5-3　传承人余艳平及其公司所获荣誉及获奖证书

获得时间	荣誉名称	颁奖单位	证书展示
2012 年 7 月	由余艳平等设计改进的一种绕线机获得实用新型专利	国家知识产权局	
2012 年 7 月	由余艳平等设计改进的一种手工织布机获得实用新型专利	国家知识产权局	
2014 年 9 月	由余艳平等设计的由字老粗布获得外观设计专利	国家知识产权局	
2016 年 10 月	惠畅土布制作技艺《发财树》在运城市非物质文化遗产传统技艺大展示中获优秀作品奖	运城市文化局	
2016 年 10 月	惠畅土布制作技艺荣获运城市非物质文化遗产传统技艺大展示铜奖	运城市文化局	

获得时间	荣誉名称	颁奖单位	证书展示
2018年7月	惠畅文化创意有限公司在工艺大师技能展示"古中国·工匠杯"比赛中获得银奖	运城市工艺美术协会	
2019年4月	由余艳平设计的床上用品套件（老粗布百子图）获得外观设计专利	国家知识产权局	
2019年6月	由余艳平设计的床上用品套件（鹳雀楼）获得外观设计专利	国家知识产权局	
2019年10月	余艳平同志的作品《手绣百子图》在第30届关公文化旅游节运城市非物质文化遗产传统技艺暨文创产品展示活动中获优秀创意奖	运城市文化和旅游局	

获得时间	荣誉名称	颁奖单位	证书展示
2024 年 4 月	由余艳平等设计的床上用品套件（多子多福）获得外观设计专利	国家知识产权局	

第二节　风俗趣事

一、胡玉兰——巧手穿梭，织女下凡

胡玉兰是惠畅土布制作技艺的先祖。相传，胡玉兰十一二岁时，便能熟练地进行纺线织布，与同伴们进行纺线比赛时，总能夺得魁首，村民们都喜欢称她为"织女下凡"。关于胡玉兰还有一段传奇。村里流传胡玉兰十岁那年，七月初七乞巧节当日，村中女子于月初升之时，设香案于庭，期望巧娘娘会予双巧手。祭祀开始后，十岁的胡玉兰竟于无人教授的情况下，独自完成纺线、拐线、浆线等一套程序。周围的人无不目瞪口呆，一致认为是巧娘娘下凡传教于她。当胡玉兰渐渐长大后，她便整天沉迷于手织布的制作和研究中。

胡玉兰的丈夫韩启泰是明崇祯年间的刑部侍郎，官居要职，十分清廉。胡玉兰随夫入京时，未携带金银细软及乡土之珍，唯一带走的只一架纺车和一部织布机。可见，胡玉兰对纺线织布钟爱备至。在京城这段时日里，胡玉兰巧手穿梭，把织布技艺传至京城一带，织品柔美细腻，令京城士子们赞不绝口。韩启泰夫妇告老还乡，离开京城时，胡玉兰带回来的还是一架纺车，一部织布机，并将她的纺织技艺传授给胡氏家族的子女们，至今代代相传。

二、惠畅土布的红色记忆

惠畅土布起源地山西省运城市永济市，这里南倚中条山、西临黄河，是中华民族的发祥地之一，这里地势平坦、土壤肥沃、农耕立世，尤其是棉花种植历史悠久，棉织品加工一直是当地的传统手艺。抗日战争时期，以中条山为防线有一支抗日游击队，永济东开张村是抗日战争时期的革命老区村。作为当时抗战的后方，村民们也义不容辞地想要为革命事业做贡献，大家纷纷献出自己的纺织手艺，为八路军做棉衣、棉裤、棉鞋，从物质和精神上支持革命事业。胡家第15代传人胡传京还在家中挖了一个地下通道作为联络点，供革命同志们来商讨重要事务。

在1937～1938年间，革命最为困难的时候，中共虞临永党支部两位重要领导人——李荣、张子英在东开张村以教书的名义秘密开展地下工作。为了更隐蔽地发展革命事业，李荣将学校迁至涑水河边的娘娘庙，当时担任看庙人的地下交通员余盛治就是余艳平的爷爷，娘娘庙的遗址就是现在东开张村的惠畅土布文化产业园所在地。惠畅土布与革命事业的缘分密不可分，这便是惠畅土布的红色记忆。

第三节　制作材料与工具

一、制作材料

惠畅土布制作技艺是永济市的传统棉纺织技艺，它的主要制作材料就是棉花。

1. 种子

对于棉花种子的选择，一般选择结铃性强、铃壳薄、生长期为四个月左右的早熟种子，然后用温水对种子进行约12小时的浸泡并拌入3911甲拌磷（一种有机磷农药，可杀虫），最后在清明节前后播种。图5-7为拌好的棉花种子。

2. 棉花

阴历八月十五左右棉花成熟后，可以采摘、晾晒棉花，晒干棉花里的水分，杀死细菌，以保持棉花制品的弹性。种好棉花是纺线织布最首要最基础的工作，棉花的质量会直接影响布的质量，因此永济作为晋南的桑棉之地，为棉花的种植培育创造了良好的环境和条件，这也成为惠畅手织布发展的决定性因素。图5-8为正在晾晒的棉花。

图5-7　棉花种子

图5-8　晾晒棉花

3.染色原料

对棉花进行一系列加工处理后纺出棉线并进行染色，一般有植物染色和化学染色两种方法。植物染色较为复杂，它是将植物中的色素提取出来对染物进行染色，常用的植物有槐米、核桃皮、青草等。染色原料如图5-9、图5-10所示。

图5-9　植物原料

图5-10　化学染料

二、制作工具

惠畅土布的制作工序复杂繁多，不同的工序中会用到不同的制作工具。主要有轧花机、弹棉花机、六股桐、纺车、拐子、打筒车、舌、刷子、木梭、织布机、锤布石、棒槌等。

1.轧花机、弹棉花机、六股桐

处理棉花过程中会用到轧花机、弹棉花机、六股桐（图5-11～图5-13），轧花机用来将棉花和棉籽进行分离，得到无棉籽的生棉花；弹棉花机用来使生棉花更加蓬松、柔软、舒展；六股桐用来搓棉絮，它是一根一尺左右、筷子粗细、光滑的植物杆，有的地方称该野生植物为降龙木，因其表面有六条棱，晋南人称其为六股桐。

图5-11　小型轧花机

图5-12　大型弹棉花机

图5-13　六股桐

2. 纺车、拐子

纺车（图5-14）用来纺线，它由纺车轮、铁、铁轴辘、纺线圈、插板、搅把、弦组成。纺车纺出的穗子用拐子（图5-15）固定进行拐线。拐子是一根长一尺有余的光滑木柱，其两端各有一根木棒，呈工字状。

图5-14　惠畅土布纺线车间的纺车

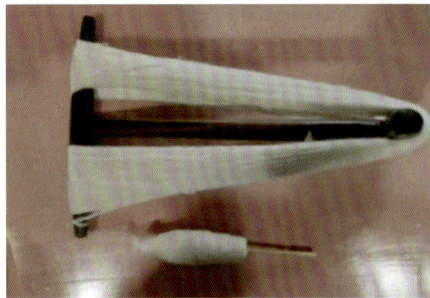

图5-15　拐子和穗子

3. 打筒车

打筒车（图5-16）是用来将线绕在筒上以备后续引线使用的，打筒车长约70～80厘米，由轮子、筒车芯和手摇柄组成，筒是一种中间空的竹子制品。

4. 舌

舌（图5-17）是织布用的分开经线的工具，也称为"经线板"。在关中部分地区方言中，这种工具被称为"舌"。舌由小竹楣制作，一般长1.8尺（约60厘米）左右，高3.5尺（约117厘米）左右，舌楣宽0.5厘米左右。

图5-16　打筒车

图5-17　舌

5. 刷子

刷子（图5-18）是用来刷线的，它是由狼尾巴草上的细杆对折，然后用布包起来缝住晒干后得到。

6. 木梭、织布机

木梭（图5-19）是在织布过程中，帮助将纬线穿过纱，从而完成织布的工具。木梭呈船形，两头尖，中间大，一般由结实的枣木、槐木所制，织布的花色越多，所需的木梭就越多。经惠畅文化创意有限公司改进的新织布机（图5-20、图5-21）

只需一个木梭，搭配不同的踏板数可完成不同花色数的织制，大大提高了生产效率。

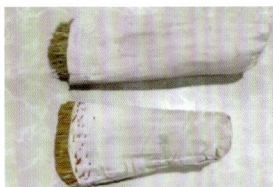
图5-18　刷子

图5-19　木梭

图5-20　织布机（两个脚踏板）

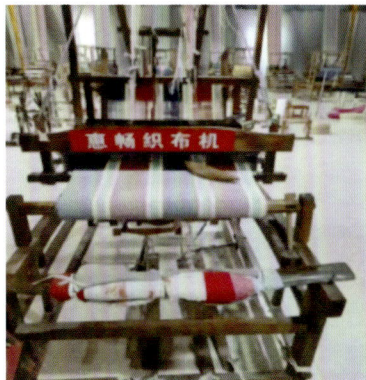
图5-21　织布机（四个脚踏板）

7. 锤布石、棒槌

锤布石（图5-22）一般为青石，长方形。棒槌（图5-23）一般为质地较硬的枣木或槐木制成。

图5-22　锤布石

图5-23　棒槌

第四节　制作工艺与技法

惠畅土布制作技艺工序繁杂，从棉花种植到布匹出品需要大大小小共72道工序，其中主要工序有12道，分别为搓棉絮、纺线、拐线、染线、浆线、打筒、引线、关舌、刷线、掏缯、织布、锤布。

一、搓棉絮

搓棉絮（图5-24）用到的工具是六股桐，用到的材料是棉花，将经过轧、弹之后的棉花进行揉搓，使其紧实地裹在六股桐上，然后将六股桐轻轻抽出，一根空心的棉条就形成了，俗称股抓。图5-25是余艳平（右）与其母亲（左）、孙女（中）在搓棉絮。

图5-24　搓棉絮

图5-25　余艳平与母亲、孙女搓棉絮

二、纺线

纺线（图5-26）用到的工具是纺车，用到的材料是股抓，右手转动纺车轮，左手拿着股抓将纺出的细线绕到铁锭辘上。当纺车纺出的线缠绕到一定程度，就形成了一个饱满呈锥形的穗子（图5-27）。

图5-26　纺线

图5-27　穗子

三、拐线

拐线（图5-28）用到的工具是拐子，用到的材料是穗子，将穗子有顺序地缠绕在拐子的四个角上，然后取下捆扎起来（图5-29），用于后续染色。

图5-28 拐线

图5-29 捆扎好的线

四、染线

利用植物原料或化学染料对捆扎好的线进行染色，需先将棉线浸湿，可保证棉线易上色且上色均匀，再将线与染料一起放入锅中加水煮沸，若为植物染色，需煮上约一天，若为化学染色，需煮上约半小时。惠畅土布一般采用植物染色的方法，染线成品如图5-30所示。

五、浆线

浆线有熟浆和生浆两种方法，这两种方法相同之处在于都要使用将小麦面粉加水揉搓后余下的面水，后续都需要经过挂线、拧干、捧线、揉线、晒干等一系列操作。不同之处在于熟浆是先将面水烧开，再将线浸入面水中约12小时，使其饱和温润；生浆是先将线与面水搅合并反复揉搓，使其浸润均匀，再将线置于蒸笼中蒸大约半小时。

惠畅土布一般采用熟浆的方法，因为这样浆出的棉线更加有力道，成品如图5-31所示。

图5-30 染线（植物染色）

图5-31 浆线（熟浆）

六、打筒

打筒用到的工具是打筒车，用到的材料是浆好并晒干后的线。摇动打筒车的手柄，使线绕在筒上，直至筒上的线饱满即可。

七、引线

引线（图5-32）是将绕满线的筒按照线的不同花色顺序依次插到铁杆子上，一

123

人以手执线来回走动，将棉线拉成松紧一致的经线，拉出经线的长度就是将来织布的长度。

八、关舌

关舌（图5-33）是一个数花型、排顺序的过程，易出错，需要两个细心的人合作，一人将线递入小竹梱之间的细缝中，另一人用铁钩将线挑过形成回头，并将回头固定，避免脱落。

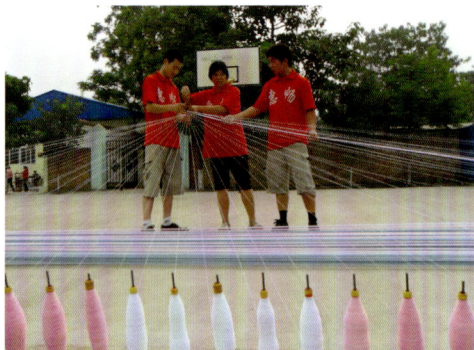

图5-32　引线

图5-33　关舌

九、刷线

刷线（图5-34）用到的工具是刷子，需要三个人合作，一人在一头卷绕，另两人在拉紧的线两旁刷线使线顺直。

十、掏缯

掏缯（图5-35）是上机前的最后一道重要工序，需要两个人合作，将经线分开形成织口，便于织布时纬线从中穿过。

图5-34　刷线

图5-35　掏缯

十一、织布

织布（图5-36）用到的工具是木梭和织布机，在这之前需要将线先从舌中退出，然后上机。木梭中放入穗子，织布时将木梭送入掏缯时形成的织口中，这样，纬线便与经线交织，布匹便通过织布机在手摇、脚踏、抛梭一系列动作的配合中慢慢织出。

十二、锤布

锤布（图5-37）用到的工具是锤布石和棒槌，将经过修整、扎染、清洗后的棉布进行捶打，能够使其柔滑平整，至此，真正意义上的棉布便诞生了。

图5-36　织布

图5-37　锤布

第五节　工艺特征与纹样

一、工艺特征

1. 巧夺天工

手织布的花型是通过色线的交织形成各种几何图形，通过抽象图案的重复、平行、连续、间隔、对比等变化，形成特有的节奏和韵律，具有独特的艺术理念和工艺价值。晋南一带，过去旧的织布机只能织出平纹布料，且花型单一，仅有条状形、方格形等，花色也比较局限。惠畅土布使用其改进过后的新织布机，大大提高了手织布的生产效率，并且可以织出提花布料，在原有花型上增加了梅花套、十字玻璃、双穗禾等花型，在花色款式上也添加了许多时尚元素，备受欢迎。

在图案设计方面，惠畅土布的图案千变万化，巧夺天工，蕴含着东方纺织的精髓，这些图案不仅美观生动，而且蕴含着许多美好的传说和寓意。例如基于杂剧《西厢记》创作的莺莺被和赋予"子孙满堂"美好祝愿的百子被等，这些图案不仅展示了土布的艺术价值，也反映了当地特有的文化历史和人文情怀，深受中外客商的喜爱。

2. 回归自然

惠畅土布的手感厚实，肤感舒适，被称为"指尖上的非遗、会呼吸的土布"，这得益于其制作材料的天然培养和制作工艺的精心打造。在制作材料方面，作为百分之百纯棉线制品，惠畅土布具有质地柔软、天然环保、冬暖夏凉、透气性和吸汗性良好等优点。在制作工艺方面，作为纯手工制品，惠畅土布线较粗、纹路深，不易起球，还能在冬天避免静电的困扰，由于其纹路在布料表面形成无数个细小凸起，类似无数个按摩点，对人体起到一定的按摩效用，能够防螨止痒，穿上身时能够为人们提供舒适的体验感，特别适合现代人的生活需求。另外，在染色方面，采用植物染色技艺和扎染技艺，使产品与自然更加融合，环保且健康。

二、纹样

惠畅手织布的花色从红、橙、黄、绿、青、蓝、紫七种基本色彩出发，衍生出了更多的色彩，各种色线以不同的形式相互交织，形成各式各样的花型和图案，风格或豪迈大气，或细腻内敛，或明亮活泼，或温柔朴素，无一不蕴含着劳动人民的智慧和巧思。另外，从织法上来看，布匹有平纹、斜纹、缎纹等多种组织结构，各具特色。

1. 梅花形花纹

梅花形花纹，因其中间夹杂有U字形的隔断条，也称为U字花纹。梅花套的主要色调是黄色、粉红色等暖色调，中间用隔断条隔开，整体给人一种春暖花开、温暖明亮、古色古香的感觉。图5-38～图5-42是不同花色的梅花形花纹。

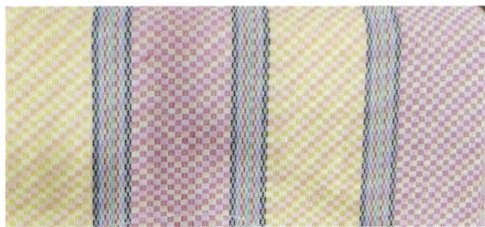

图5-38 红黄梅套条纹

图5-39 绿黄梅套条纹

图5-40 红梅遍地

图5-41 灰色黄梅

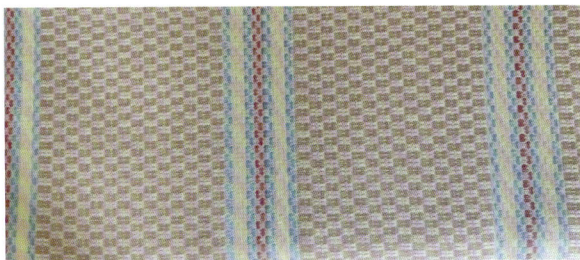
图5-42　浅色黄梅

2. 盐颗粒花纹

这种花纹摸上去突兀不平，似盐颗粒，立体感比较强，做成床单躺上去可以给人体起到按摩的作用。且因其更具有美感和厚重感，得到众多消费者的青睐。图5-43、图5-44是不同花色的盐颗粒花纹。

图5-43　盐颗粒套绿

图5-44　盐颗粒套红

3. 十字玻璃花纹

十字玻璃花纹以泾渭分明的横竖线交织，形成数个"十"字和数个类似玻璃窗的方格，因此被称为十字玻璃花纹，这种花型较为复杂，具有复古怀旧的风格和韵味。图5-45、图5-46是不同花色的十字玻璃花纹。

图5-45　红十字玻璃花纹

图5-46　粉十字玻璃花纹

4. 双穗禾花纹

双穗禾花纹由深色和浅色两个色调交错组成，形成许多方格，这种花型简约、明了、纯粹，远远看去好似泾渭分明的稻田，具有田园风格，更加贴近自然，使人仿佛置身稻田中，也受到许多消费者的欢迎。图5-47、图5-48是不同花色的双穗禾花纹。

图5-47　黑白双穗禾花纹

图5-48　紫白双穗禾花纹

5. 斜纹布

斜纹布在纺织过程中经纬线至少隔两根线交织一次，形成斜向纹路，经纬线上下交织次数比平纹少，因此线与线之间排列较紧密，织出的布匹更为厚实，触感略粗糙，其正反面效果不同，立体感强。图5-49、图5-50为惠畅土布在使用新织法后编织的斜纹布。

图5-49　新款黄白条斜纹

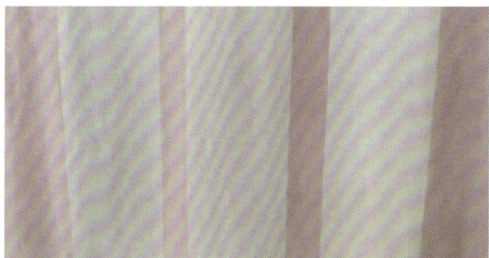
图5-50　新款粉白条斜纹

6. 平纹布

平纹布在纺织过程中经纬线每隔一根线交织一次，形成平行方向纹路，经纬线交织点多，因此织出的布匹质地坚牢，触感更粗糙，其正反面效果相同，较为轻薄，透气性较好。图5-51、图5-52为惠畅土布使用新织布机编织的平纹布，其要比传统织布机织出的平纹布更加光滑。

图5-51　粉平纹

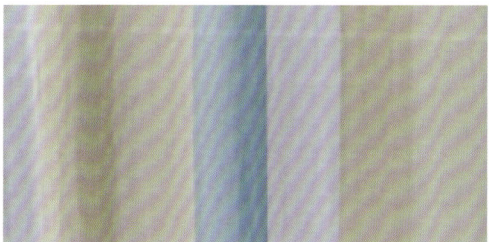
图5-52　黄蓝平纹

第六节 作品赏析

惠畅手织布的产品主要分为三个系列。一个是日常家居系列，这一系列囊括了床单、枕头、枕套、被罩、家居服、布鞋等各类产品；另一个是婚庆系列，其产品图案寓意丰富，寄托着对新人浓浓的祝贺之意；近年来惠畅文化创意有限公司还与一些画家、美院大学生合作，针对客户需求进行创作，开发了高端手绘刺绣产品。目前在开发这些人们熟知的高端床上用品的同时，正计划利用织布机的改进，进行高端手织布内衣、时尚手提包等产品的研发设计，更大程度地改变人们对手织布产品的传统印象。

一、日常家居系列

（一）粗布床单

惠畅粗布床单（图5-53～图5-55）样式多种多样，色彩缤纷，风格迥异，不同的纹样所呈现出的床单观感和触感也不尽相同，能够满足市场上大量消费者的不同需求。

图5-53 粗布床单（一）

图5-54 粗布床单（二）

图5-55　粗布床单（三）

（二）粗布凉席

粗布凉席（图5-56～图5-58）由多股线织成，纹理较粗，比粗布床单更厚，透气性更强。粗布床单一年四季都适用，而粗布凉席更适合夏天使用，能够吸汗散热，平衡温度，人躺上去凉而不冰、温和舒爽。相较于竹席、草席，粗布凉席具有更柔软、可折叠、更轻便、易清洗等特点。

图5-56　粗布凉席（一）　　图5-57　粗布凉席（二）　　图5-58　粗布凉席（三）

图片来源：惠畅文化创意有限公司官网

（三）粗布颈椎枕

粗布颈椎枕（图5-59、图5-60）主要使用荞麦壳作为填充，弹性适中，具有可调整性、抗菌性和一定的镇静安神作用；使用粗布作为外层，具有透气性、吸汗性。

图5-59　粗布颈椎枕（一）　　图5-60　粗布颈椎枕（二）

图片来源：惠畅文化创意有限公司官网

粗布颈椎枕贴近自然，能够给人们提供良好的睡眠质量和有效的护颈理疗作用。

（四）粗布三件套

粗布三件套（图5-61、图5-62）包括一个床单和两个枕套，床单与枕套纹样相同，配色一致，消费者可根据个人喜好和房间的装修风格选择合适的花色，以提升房间的整体颜值。

图5-61　粗布三件套（一）

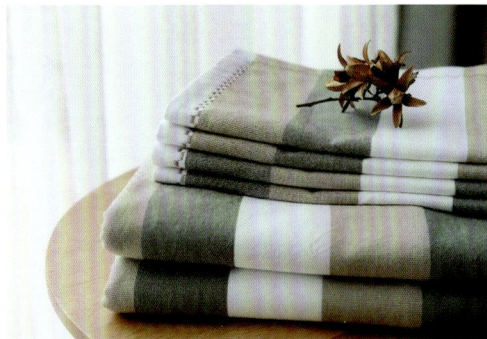

图5-62　粗布三件套（二）

（五）粗布四件套

粗布四件套（图5-63～图5-67）❶包括一个床单、一个被罩、两个枕套，整体风格一致。惠畅老粗布质地柔软，亲和皮肤，透气吸汗，躺在床上覆以布被，能够使人们感到无比舒适放松。惠畅粗布四件套风格多样，有田园风、怀旧风、简约风、卡通风、韩风、中式风等。

图5-63　粗布四件套（田园）

图5-64　粗布四件套（卡通）

---

❶ 这5幅图均来自惠畅文化创意有限公司官网。

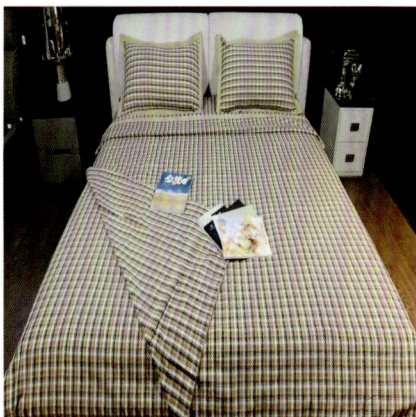

图5-65　粗布四件套（怀旧）

图5-66　粗布四件套（简约）

图5-67　粗布四件套（麦田）

图片来源：惠畅文化创意有限公司官网

（六）粗布家居服

粗布家居服（图5-68）相较于麻、丝等材质的家居服，具有弹性大、抗静电、防螨止痒、厚实、耐洗、不起球等优点，且图案更加复古独特，是一种理想的家居服饰选择。

（七）粗布鞋

粗布鞋（图5-69）相较于其他鞋类更加柔软舒适、轻便透气，能够养脚、改善脚气。惠畅粗布鞋种类多样，有花鞋、拖鞋、凉鞋、黑布鞋等，上至

图5-68　粗布家居服

图片来源：惠畅文化创意有限公司官网

耄耋老人，下至垂髫小儿，都可找到适合自己的老粗布鞋。女性穿上粗布鞋会更具东方韵味和古典气质；婴儿穿上粗布鞋更适合学步，且婴儿布鞋有虎头、猪头等样式，寓意聪慧富贵；老人穿上粗布鞋有利于健康，粗布鞋能够保持脚部温度，并起

图5-69　粗布鞋

到一定的按摩作用，促进脚部血液循环。

二、婚庆系列

　　惠畅土布的婚庆系列以大红色为主色调，每一个套件都拥有一个主题，其中最为出名的是余艳平的作品《手绣百子图》，其曾获得外观设计专利证书，并在第30届关公文化旅游节运城市非遗传统技艺暨文创产品展示活动中获优秀创意奖。此外，还有主题"和和美美""家业辉煌""年年有余""百子百福"等。

　　《手绣百子图》被套上绣有许多圆润可爱的童子追逐嬉戏，这些百子生动传神，栩栩如生，寓意新人早生贵子、子孙昌盛（图5-70）。在婚庆系列的被套产品上，还经常出现许多其他具有象征意义的图案，绣花精致细腻，怀有浓浓的祝福之意，例如牡丹（图5-71）寓意富贵祥和、繁荣昌盛；鲤鱼（图5-72）寓意生活充实丰裕、富贵安康；如意（图5-73）寓意生活事事如意、爱情甜甜蜜蜜；蝙蝠与"遍福"同音，

图5-70　《手绣百子图》

图5-71　婚庆系列（牡丹）

寓意福泽绵延无边；钱币，钱与"前"同音，寓意金玉满堂；葫芦与"福禄"音近，寓意福禄双全；芭蕉叶，因其叶大繁茂，寓意新人婚后家大业大、飞黄腾达。婚庆系列的枕套产品，通常采用左右对称的配对设计，寓意称心如意。

图5-72　婚庆系列（鲤鱼）

图5-73　婚庆系列（如意）

三、高端手绘产品

　　惠畅文化创意有限公司结合永济市当地的历史文化和旅游特色，开发了一些高端手绘产品，图案包括山、水、花、草、建筑物等，幽雅恬静，古色古香，富有历史底蕴，栩栩如生，使人仿佛置身其境。其中，作品《发财树》（图5-74）在运城市非物质文化遗产传统技艺大展示中获优秀作品奖，余艳平设计的床上用品套件《鹳雀楼》（图5-75）获得外观设计专利，除此，还有产品《帆船》（图5-76）、《事事如意》（图5-77）、《花开富贵》（图5-78）、《西厢记》、《唐代铁牛》等。

图5-74　手绘产品《发财树》

图5-75　手绘产品《鹳雀楼》

图5-76　手绘产品《帆船》

图5-77　手绘产品《事事如意》

图5-78　手绘产品《花开富贵》

鹳雀楼，又名鹳鹊楼，位于山西省运城市永济市蒲州镇，始建于北周时期，是国内唯一采用唐代彩画艺术恢复的唐代建筑，也是以自身为核心的4A级景区。

《西厢记》是著名元代杂剧，其所描绘的张生与崔莺莺的爱情故事就发生在永济市蒲州镇的普救寺中，使得普救寺成为永济市闻名遐迩的游览胜地。

唐代铁牛，又称开元铁牛，位于山西省运城市永济市蒲州城西的黄河古道两岸，各四尊，起到固定索桥的作用，是世界桥梁史上的传世之宝。

永济市历史文化悠久，惠畅土布将传统棉纺织技艺与当地历史文化相结合，这是农耕文明与历史文明的结合，是非物质文化遗产保护与产业化发展结合的新思路，既使传统棉纺织技艺发扬光大，又促进了当地文化的传播和旅游业的发展。

第七节　传承人专访

为了更好地了解非物质文化遗产惠畅土布制作技艺的传承人（图5-79、图5-80）与该技艺之间的故事，并对该技艺的传承现状、市场价值及前景等情况进行深入调

图5-79　第十八代传承人余艳平

图5-80　第十七代传承人胡拾气

135

研，笔者有幸对余艳平女士进行专访（图5-81），以下是访谈内容。

图5-81 余艳平（右）与采访者合影

一、您是如何接触到惠畅土布制作技艺的？

余艳平：东开张村之前的传统产业主要是种棉花，2006年以前，村里的棉花种植面积非常大，大概六七千亩。老百姓种了棉花之后，谁来进行销售，销售情况是否乐观，都是个问题，例如有时价格高，但棉花贩子收取棉花后，向村民支付的钱不到位；有时钱到位了，但是价格又不行，老百姓无法获得收益。我们村里胡家有一位惠畅土布制作技艺第十七代传人——胡拾气，胡氏家族从明末就开始织布，手艺十分精湛，于是村里有几十个妇女提出，可以邀请胡拾气传授织布技艺，把棉花加工成被子销售来提高收益。我从小就喜爱织布，于是就拜胡拾气为师学习技艺，开始将老土布制作技艺传承下来。

二、在传承过程中有什么令您印象深刻的事情？

余艳平：村里的大部分年龄大的妇女都具有一定的手艺，都很想为村的产业发展作出贡献，很多人都加入这个产业当中，而胡家当时只有两台织布机，显然织机是远远不够的。面对这种情况大家都积极想办法，有人出人，有力出力，有棉花出棉花，还有人去周边的村里收织布机。这件事情使我非常感动，大家想为村子作贡献，想发展一个产业，作为村干部只要把路走出来，大家都愿意跟着干，一定会把这项技艺传承下去的。

三、您在传承该技艺过程中是否进行了创新？

余艳平：是。之前的织布机操作起来，脚和腰必须非常用力，有些年龄大的人会受不了，且每天织布效率都不太行，我和技术工人就进行设计、研发，在传统织布机的基础上将其改进为脚踏、提综的斜纹织布机，并获得国家专利；还有原来织布时手工缠的穗子，需要的人力特别大且速度特别慢，我们研发设计了缠穗机，也获得了国家专利。

四、您是如何培养下一代传承人的？

余艳平：目前很多年轻人都出去打拼了，留下来织布的大部分都是些年龄大的妇女，每逢过年外出务工的人回来的时候，我们就会在这段时间对他们进行手艺技能培训。就学习人群来看目前还可以，不像之前来学的都是一些七八十岁的老年人，现在一些四五十岁的人还有一些大学生都会加入学习中，大家对棉纺织这个行业还是比较感兴趣的。我们每年会培训两期，由于工序繁多，培训期至少十五天，有一百多人。培训完成后，有的男士想留下来，但是他们的家人想要他们出去进行其他工作，因此大部分留下来的都是女工，这是传承存在的一个问题，有待改善。

五、您是否有专门制作的场地？

余艳平：现在是有的。刚开始只有六十多人时是没有厂房的，大家都在自己家里织，织完后有专人去收回成品再运回织厂。由于有些年龄大的人在家不仅织布，还要照看孩子、做饭，织出来的布难免有瑕疵，成为次品，但大家一针一线织出来的布，不收也过意不去。后来，我们借了厂房，把大家都召集起来，最多的时候有五百多台机子，五百多号人。

六、您认为这项技艺在当今社会有什么价值？

余艳平：2021年该技艺被评为国家级非遗项目。咱们这个手织老土布，首先原料上是百分百纯棉的，其次它的质感特别好，吸汗、透气、冬暖夏凉，尤其是我们又开发了一种新产品，即"由字型"的土布，它表面凹凸不平，睡上去能起到按摩作用，特别舒服。虽然我们宣传力度不够，但产品还是供不应求，从2006年至今，口口相传，深受社会欢迎。

七、请您谈谈当地政府采取了哪些措施支持和保护该项技艺？

余艳平：该非遗项目隶属于运城市永济市文旅局，当地政府在政策和精神上非常支持，如：市文化馆非遗中心与企业、高校对接，通过政校企三方合作促进纺织产教融合。不过要想促进该技艺的传承，特别是创新性发展，我们还是期盼着有更多激励措施。

八、您认为惠畅土布生产和销售当前面临着哪些问题？

余艳平：我认为我们惠畅土布现在还没有真正做大做强。2020年以前，我们会将产品出口俄罗斯、新加坡、南非；2020年以后，订单情况不是太好。目前我们在迪拜有一个展会，我们的产品非常受当地人民喜爱，但是如果订单很大，目前我们的产量还是提不上去，难以满足需求，想扩大再生产，人力和财力都还存在问题。

九、作为传承人您觉得该如何去解决这些问题？

余艳平：首先，在培训人才方面，还需要再下点功夫。目前学习该技艺的都是些周边村子里的人，我们还需要扩大这个范围。很多妇女没有就业机会，我作为中国妇女第十三次全国代表大会运城代表，希望可以把这个培训范围扩大到永济市、运城市等地，让更多的人都参与进来。其次，这个行业利润太低了，我作为这个村的党支部书记兼村民委员会主任，已经干了36年，我们工作的出发点就是让老百姓富起来，如何让这个产业链延伸到老百姓，为百姓搭建更多的激励传承和创新的政策和销售平台，都是需要解决的问题。

十、请您谈谈您对该项技艺未来发展的期望？

余艳平：我觉得我们惠畅土布的市场前景都非常好，我希望能够把这个产业做大做强，带领我们村、周边村及永济的妇女们，让她们都有工作做。我们村2001年被评为全国乡村旅游重点村，我们村还有一个冬枣产业，希望产业之间能够互相促进，互相成就。

第六章

传统棉纺织技艺（襄子老粗布织造技艺）

襄子老粗布是山西省襄垣县的手工棉织物，具有爽身透气、防蛀防霉、经久耐磨的特点，在相当长的历史时期内是当地民众衣着及床上用品的主要材料。作为勤劳智慧的襄垣人在长期实践中摸索出来的精湛技艺，襄子老粗布织造技艺具有丰富的文化内涵。2011年6月，传统棉纺织技艺（襄子老粗布织造技艺）经山西省人民政府批准列入第三批省级非物质文化遗产名录（表6-1、图6-1）。技艺传承人赵志清女士自幼跟随家中长辈学习襄子老粗布的织造技艺，2019年10月，被山西省文化和旅游厅认定为第三批省级非物质文化遗产代表性传承人（图6-2）。

表6-1 项目简介

名录名称	传统棉纺织技艺（襄子老粗布织造技艺）
名录编号	Ⅷ-53
名录类别	传统技艺
名录级别	省级
申报单位或地区	长治市襄垣县非物质文化遗产保护中心
传承代表人	赵志清

图6-1 传统棉纺织技艺（襄子老粗布织造技艺）
山西省级非物质文化遗产证书

图6-2 山西省级非物质文化遗产代表性
传承人证书

第一节 起源与发展

一、襄子老粗布织造技艺的起源

襄子老粗布织造技艺是流传于山西省襄垣县的传统棉纺织技艺。襄垣县地处太行山西麓，上党盆地以北。据史料记载，在禹尧时，襄垣属冀州之城；到虞舜时，为并州之地；春秋时，归属黎国；战国初，赵、韩、魏三家分晋，襄垣始属韩国，后归赵国，因而历史上有"古韩"之称。公元前455年，秦王龀攻赵，赵襄子筑城于甘水之北（今襄垣县城北关贵江沟），因城系赵襄子所筑，故名"襄垣"。秦朝初置县，历代未改，至今有2400多年的历史。2009年，襄垣县被联合国教科文组织命名为"中国千年古县"。

千余年的历史造就了襄垣古城丰富的人文风俗和襄垣人民勤劳俭朴的优良传统，在民间出现了粗布、挂面、打铁等独具特色的传统手工技艺。其中，粗布是在几千年来男耕女织的农业社会中兴起并世代传承的一种手工织布技艺，与人们的生产生活密切相关。2010年，山西襄子老粗布有限公司成立，为了缅怀襄垣的创始人赵襄子，将老粗布产品商标注册为"襄子"。自此，分布于襄垣县一带的老粗布被统称为"襄子老粗布"。

二、襄子老粗布织造技艺的发展

（一）品牌化发展助推生产性保护

长期以来，襄垣县是全国优质动力煤生产基地，在新时期襄垣县探索资源型地区转型发展新路径的背景下，曾任襄垣县外贸局局长的栗树斌于2010年筹集运营资金创立了山西襄子老粗布有限公司。公司成立后采用"公司＋农户"的模式生产襄子老粗布产品，并通过品牌化经营战略进行推广销售。目前公司生产基地是全国较大的老粗布生产基地之一。基地占地面积66000平方米，可安置3000～5000人就业（图6-3），年生产2000万米粗布系列产品。

图6-3　山西襄子老粗布有限公司员工合影

在襄子老粗布有限公司成立之前，襄垣县的传统棉纺织技艺由于工艺复杂、经济效益低等因素逐渐萧条，老粗布从业人员所剩无几。公司采用"公司＋农户"的模式，通过组织襄子老粗布织布比武大赛挖掘织布能手（图6-4），并组织织布能手下乡开展手工织布人才培训，培训合格后与农户签订合同，把手工织布机和棉线送到农户家中，供农户在农闲时织造粗布（图6-5）。农户将布匹织好后，统一送至生产基地进行裁剪、绣花、缝制、质

图6-4　襄子老粗布织布比武大赛

检等后续产品加工流程。这一模式带动了襄垣群众尤其是农村妇女，不出门、不离土就能靠劳动所得增收致富。此后，襄子老粗布陆续在襄垣县、平顺县、沁县、沁源县、武乡县等多个县区建立了"襄子老粗布"生产基地，带动当地农户增收。

图6-5　农闲时在家织布的农户

在品牌建设方面，襄子老粗布在山西的高铁站、机场等场所投放广告、开设店铺，并多次参加上海世界博览会、中国进出口商品交易会、中国国际商标品牌节、中国国际消费品博览会、中国驰名商标及地理标志精品博览会、世界晋商大会、山西省农运会等展会推广襄子老粗布品牌和产品，使襄子老粗布能够被更多人熟知，获得良好的经济效益，从而调动从业人员的积极性，实现生产性保护。2016年，襄子老粗布有限公司入选长治市第一批市级非物质文化遗产生产性保护示范基地名单。

在传承和发展传统手工织布技艺的同时，襄子老粗布有限公司十分重视产品标准问题。由襄子老粗布有限公司董事长栗树斌、总经理范雷钧参与起草的《手工粗布被罩》和《手工粗布床单》两项纺织行业标准于2014年11月在全国家用纺织品标准化技术委员会床上用品分会举办的行业标准审定会议上获得评审通过后正式发布，作为手工粗布行业标准在业内执行。襄子老粗布有限公司先后获得全国转型跨越新锐企业、全国轻工业卓越绩效先进企业、中国名企、中国著名品牌、中国优质名牌产品、山西省著名商标、长治市明星企业等荣誉。

（二）扶持培养传承人促进活态传承

襄子老粗布织造技艺的省级传承人赵志清出生于1973年，是襄垣县古韩镇北里信村人，从小受外祖母张焕连、母亲李乐润的熏陶，12岁开始就利用节假日学习织布技艺，其传承谱系见表6-2。2011年，赵志清在襄子老粗布有限公司举办的织布比武大赛中获得第一名，此后多次下乡向农户传授织布技艺（图6-6）。此外，解云飞、郭腾娜、崔晓琳等人通过企业培训习得织布技艺并坚持从事襄子老粗布的生产和传播工作，现已成为襄子老粗布织造技艺保护和传承的骨干力量。2013年，山西省首家县级非物质文化遗产体验馆襄垣县非物质文化遗产体验馆开馆，赵志清作为襄子老粗布的代表性传承人，被聘请到馆内对织布技艺进行常态化展演展示（图6-7）。赵志清于2016年被长治市文化局认定为第三批市级非物质文化遗产代表性传承人，于2019年被山西省文化和旅游厅认定为第三批省级非物质文化遗产代表性传承人。

表6-2　传统棉纺织技艺（襄子老粗布织造技艺）传承谱系

代别	姓名	性别	出生时间	传承方式
第一代	杨小妮	女	1897年	家族传承
第二代	张焕连	女	1921年	家族传承
第三代	李乐润	女	1941年	家族传承
第四代	赵志清	女	1973年	家族传承
第五代	韩笑	女	1997年	家族传承

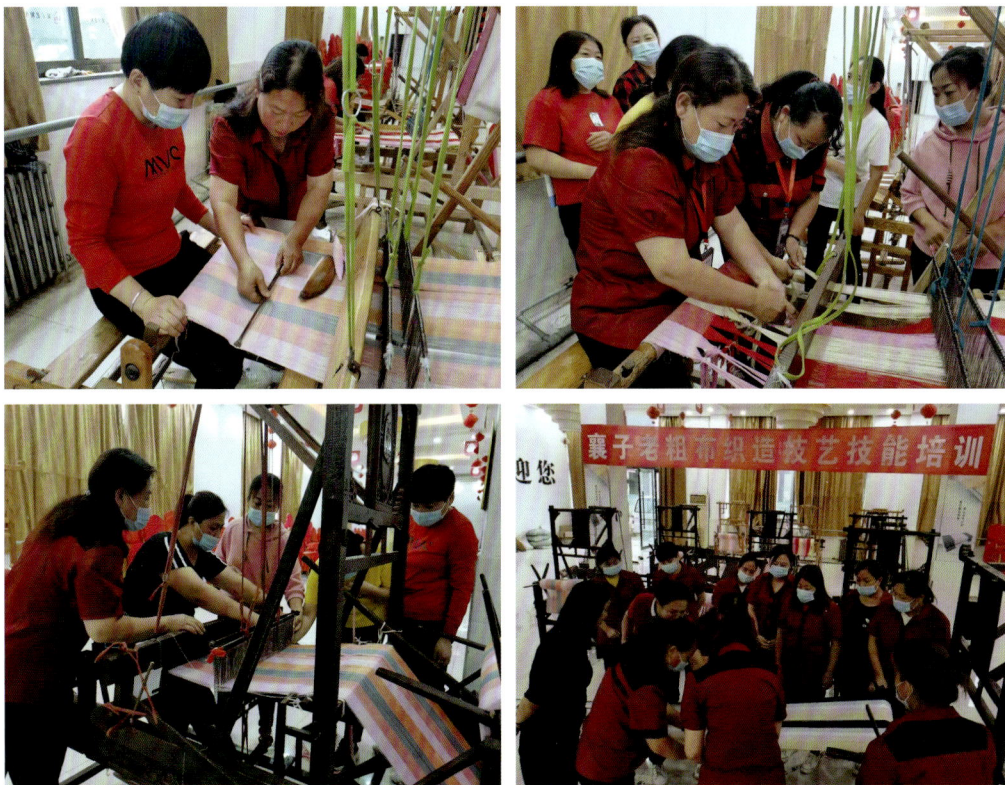

图6-6　赵志清在进行襄子老粗布织造技艺培训

此后，赵志清在襄垣县文化和旅游局的组织下多次外出参加学习培训（表6-3），先后于2016、2017年在山西大学和天津工业大学完成文化部、教育部"中国非物质文化遗产传承人群研修研习培训计划"培训班学习，于2021年完成长治市文化和旅游局、长治市文旅发展中心主办的"非物质文化遗产保护会议暨导游培训"学习。自2020年起，山西省教育厅、文旅

图6-7　赵志清在襄垣县非物质文化遗产体验馆展示襄子老粗布织造技艺

143

厅按照《山西省工艺美术大师和非物质文化遗产代表性项目代表性传承人培养培训方案》，在山西艺术职业学院举办省级工艺美术大师和非物质文化遗产代表性项目代表性传承人学历班，对86位省级工艺美术大师和非物质文化遗产代表性项目代表性传承人进行学历教育。赵志清于2020～2023年参加该学历班学习，完成了工艺美术品设计专业的专科学习，进一步提高了文化艺术素养、传承创新能力、营销创业能力。

表6-3　相关学习证书

获得时间	学习经历	颁发单位	证书展示
2016年12月	文化部、教育部"中国非物质文化遗产传承人群研修研习培训计划"培训班	山西大学	
2017年6月	文化部、教育部"中国非物质文化遗产传承人群研修研习培训计划"培训班	天津工业大学	
2021年10月	2021年非物质文化遗产保护会议暨导游培训	长治市文化和旅游局、长治市文旅发展中心	
2023年7月	工艺美术品设计专业三年制专科	山西艺术职业学院	

赵志清在提升专业素养的同时积极参加相关赛事传播和推广襄子老粗布，取得了一系列荣誉（表6-4）。2022年，赵志清被长治市文化和旅游局和长治市工艺美术协会认定为第四届长治市工艺美术大师。2023年，赵志清参加了山西省群众文化活动"乡土文化能人技艺大赛"（图6-8）。同年，赵志清被聘请为山西文化旅游职业大学（筹）工美技艺导师（图6-9）。

表6-4　项目相关荣誉证书

获得时间	荣誉名称	颁奖单位	证书展示
2020 年 12 月	"长治市第二届妇女手工艺品技能大赛"最具人气奖	长治市妇女联合会	
2021 年 3 月	作品参加"县妇联三八妇女节手工艺展"	襄垣县妇女联合会	
2021 年 10 月	第二届山西工艺美术产品博览交易会"太行杯"文创神工优秀作品奖	第二届山西工艺美术产品博览交易会组委会	
2022 年 11 月	第四届长治市工艺美术大师	长治市文化和旅游局、长治市工艺美术协会	
2023 年 3 月	山西文化旅游职业大学（筹）工美技艺导师	山西文化旅游职业大学（筹）	

获得时间	荣誉名称	颁奖单位	证书展示
2023 年 8 月	襄垣县群众文化活动民间剪纸大赛"剪纸达人"称号	中共襄垣县委宣传部、襄垣县文化和旅游局、襄垣县美术馆	
2023 年 8 月	参加"来党群过暑假"暑期微公益活动	襄垣县党建服务中心	

图6-8　2023年山西省群众文化活动"乡土文化能人技艺大赛"参赛合影（左二为赵志清）

图6-9　山西文化旅游职业大学（筹）百名"工美技艺导师"合影（二排右四为赵志清）

第二节　风俗趣事

一、家家户户纺花织布做军行

　　抗日战争时期，襄垣是太行抗日根据地的重要组成部分。为了给前线战士提供抗战物资，上党地区发动群众纺花织布、合作生产，为前线战士做军鞋、送寒衣。当时在襄垣的大街小巷都能听到纺车嗡嗡的纺纱声，家家户户点灯织布。图6-10所示为当时上党群众纺花织布的场景，图6-11和图6-12所示为抗战时期的粗布物资。从那时候起，襄子老粗布和党结下了不解之缘。今天的襄子老粗布有限公司依旧延续了这份红色情结，创立之初就成立了中共山西襄子老粗布有限公司党支部，于2018年12月获得了山西省非公经济组织和社会组织"双强六好"省级示范党组织荣誉称号，襄子老粗布有限公司的襄垣生产基地现为中共中央组织部全国组织干部学校、太行干部学院的襄垣教学点，营造了党旗高高飘扬、企业健康发展的良好局面。

图6-10　抗战时期上党群众纺花织布的场景

图片来源：笔者拍摄于襄子老粗布展览馆

图6-11　八路军使用过的粗布雨巾　　　　　图6-12　抗战时期布衣

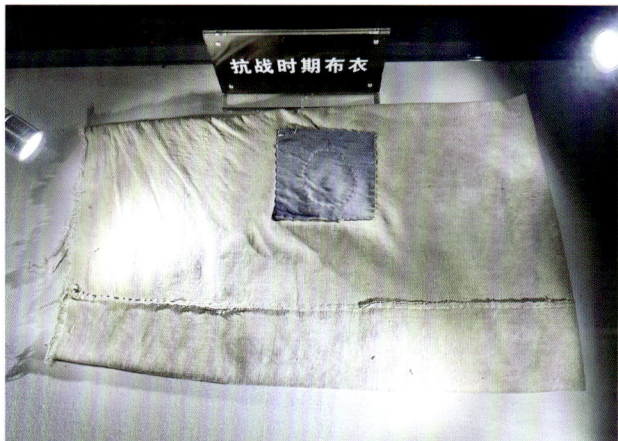

图片来源：笔者拍摄于襄子老粗布展览馆

二、主妇巧手织就美好生活

20世纪六七十年代物资相对匮乏，农村家庭的男性主要下地干农活，女性农闲时会在家织布。那时候家家生活都很拮据，一年到头很少能穿上新衣服，新织出来的粗布不像现在可以直接用来做床单、被套，而是需要反复利用。俗语讲："新三年，旧三年，缝缝补补又三年。"织好的粗布要先拿来做衣服，衣服穿旧到不能再穿了，再洗干净拆开重新做成被子。只有实在用不了的旧布才会拿来纳鞋底、做鞋垫。当时织成的粗布也可以用来"以物换物"，有的妇女会多织一些布匹，拿到商店换鸡蛋、粮油等生活用品。可以说，襄子老粗布见证了襄垣万千劳动女性的勤劳智慧，她们在有限的条件下靠双手和织机改善了自己和家庭的生活。

三、劳模代言多方受益

曾任山西省平顺县西沟村党总支副书记的申纪兰是全国劳动模范、"共和国勋章"获得者，也是襄子老粗布的代言人。2010年前后，在太原通往长治的高速路上、长治汽车站及平顺县城等地的户外广告牌，都能够看到申纪兰代言的襄子老粗布。申纪兰没有收一分酬劳，而是让山西襄子老粗布有限公司每年将100件老粗布四件套和10万元现金直接划到西沟村委会账上，用于改善西沟村的基础设施，以及帮助村民缴纳60%的合作医疗费、闭路电视费、老年人补贴等[3]。此外，山西襄子老粗布有限公司还在西沟村开办生产基地，与西沟村合作经营，将"公司＋农户"模式带到西沟村，为当地农户提供在家务工的机会，助力西沟村脱贫致富。图6-13和图6-14所示为申纪兰与襄子老粗布有限公司董事长栗树斌在平顺生产基地参观指导工作。

图6-13　申纪兰与栗树斌一行在平顺生产基地参观指导工作

图6-14　申纪兰体验上机织布

第三节　制作材料与工具

一、制作材料

襄子老粗布的制作材料主要是棉花和各色染料。

1. 棉花

天然棉花是襄子老粗布织造技艺的主要原材料，具备良好的吸湿性、透气性、保暖性、耐碱性等性能。

2. 染料

染料可分为天然染料和化学染料。早期的襄子老粗布通常在织成后对粗布进行整体染色，后发展为先染线后织布，可织成不同纹样的粗布。

二、制作工具

襄子老粗布的制作工具主要有绞花车、絮棉弓、轧花车、纺花车、锭子、缠线轮、浆线刷、经线杆、经线橛、整经机、织布机、棒槌、锤布石等。

1. 绞花车

绞花车是脱棉籽的专用机器。旧时采用手工剥籽，效率较低，只适合家庭自给自足的粗布生产，而且容易把花絮剥断，造成原材料的浪费。绞花车脱籽的效率和棉絮的保全率高于手工脱籽。

2. 絮棉弓、轧花车

絮棉弓、轧花车是把棉花处理蓬松（俗称"弹棉花"）的工具。旧时家庭弹棉花采用絮棉弓手工处理。引进轧花车后，需大量加工时可通过脚踏或电力驱动轧花车方便快捷地进行棉絮加工。

3. 纺花车、锭子

纺花车是纺制棉纱的工具（图6-15）。车架为木制，三脚着地，支架一端为转轮和手摇把，另一端用于固定锭子。锭子连接于纺花车上，是用于收集棉纱的工具。使用时通过手摇使转轮转动，进而带动锭子旋转收集棉纱。

4. 缠线轮

缠线轮是将锭子上的棉纱转移下来

图6-15　纺花车

的工具（图6-16）。

5. 浆线刷

浆线刷是用来浆线的工具（图6-17）。使用时用刷头蘸浆均匀涂抹于棉纱上，使棉纱上浆。

6. 经线杆、经线橛、整经机

经线杆、经线橛是经线时的重要工具。经线杆平行于地面，杆上打洞或穿铁环，以使棉纱穿过；经线橛为垂直固定于地面的木桩，其距离和数量多少要由所织布的长度来确定。批量化生产后，为提高效率开始使用整经机（图6-18）代替人工经线。

图6-16　缠线轮

图6-17　浆线刷

图6-18　整经机

7. 织布机

织布机是襄子老粗布织造工具中体形最大、构件最多、装置最复杂的一种。旧时织造襄子老粗布的织布机如图6-19、图6-20所示，机身使用襄垣本地山中的酸枣木制成，主要由大架、卷线轴、卷布轴、型板、综板、坐板、脚踏板、梭、撑

图6-19　旧式织布机（一）

图片来源：笔者拍摄于襄子老粗布展览馆

图6-20　旧式织布机（二）

图片来源：笔者拍摄于襄垣县非物质文化遗产体验馆

棍等组成。旧式织布机需要靠脚步踏板和腰部软带（图6-21）共同提综控制经线开合，织造时非常费力。改良后的织布机如图6-22所示，长约2米，高约1.8米，宽约0.95米，通过左右脚分别踩踏即可控制综板，较大地提高了织布效率。

图6-21　旧式织布机腰带

图6-22　改良织布机

（1）梭。梭是织布时往返牵引纬线的工具（图6-23）。长约30厘米，两头尖，中间粗，呈枣核形。使用时梭肚内存放的纬线可通过梭壁的小孔抽出，在梭的带动下往返于经线之间，经纬交织成布。

（2）型板。型板是使经线有序排列的工具（图6-24）。长约60厘米，宽约20厘米，上下两端有竹制框架，中间以排列均匀的细竹丝或铁丝固定，孔隙可供经线穿入。

图6-23　梭

图6-24　型板

（3）综。综（音同"增"）是穿经线以分上下而便于纬线穿过的工具。综为两片，可在脚踏板控制下上下提拉以控制经线开合。旧时以棉线作为综线，现多使用铁丝制成（图6-25）。

图6-25　铁制综线

（4）撑棍。撑棍是在织造时用于保持布幅宽窄一致的工具（图6-26）。撑棍长度与幅宽一致，织造时使用撑棍将布面两边绷紧，并跟随布面前移，以免布面收缩变窄。

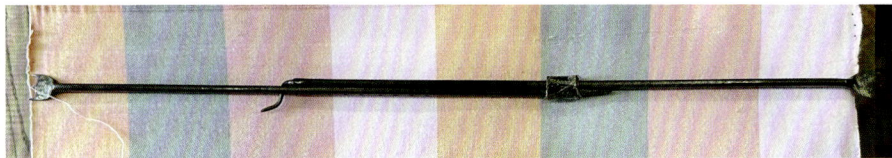

图6-26　撑棍

8.棒槌、锤布石

旧时在粗布织成后，通常将粗布浸湿放在锤布石上用棒槌反复捶打，以使布面更为柔软（图6-27）。

图6-27　棒槌与锤布石

第四节　制作工艺与技法

传统襄子老粗布织造技艺复杂，步骤严格，工艺考究。传统的襄子老粗布织造技艺从选种种棉到织成布匹共需要72道工序，后来为了提高生产效率改良为22道工序。襄子老粗布的主要制作流程可分为原材料处理、纺纱与织布、产品加工与检验三部分。

一、原材料处理

1.晒籽棉、捡籽棉

籽棉是从棉株上直接采摘下来的棉花，经晾晒去除水分后，需将附着在籽棉上的草梗等杂质及烂籽棉清理出来。

2.脱棉籽

脱棉籽是手工脱籽或利用绞花车对籽棉进行脱籽处理的工序。脱籽后的棉花称为"皮棉"。

3.弹花

弹花是通过絮棉弓、轧花车把皮棉处理蓬松的过程。

4.搓条

搓条是把蓬松的棉花分成棉絮条，再用木棍放在絮条中间轻轻转动，使絮条包裹木棍，取下木棍后即可得到一根手指粗细的中空棉条。

二、纺纱与织布

1.纺纱

纺纱是用纺花车把棉条纺成棉纱的工序。操作者一手摇手把，一手拿棉条，将棉纤维从棉条中牵引出来缠绕在锭子上。纺纱时要控制好速度和力量，以使纺出来的棉纱粗细均匀。

2.缠绞

将锭子上的棉纱线缠绕到缠线轮上，达到一定数量后取下来绞成麻花状，以确保纱线整齐有序，便于染色与浆纱。

3.染纱

织造彩色条纹或格纹粗布时，需先进行染纱。染纱工序一般不复杂，把棉纱放进染液中浸泡或煮染3~4小时，捞出滤干即可。

4.浆纱

将面粉和水在锅内搅匀煮透后倒入盆中，将成绞的棉纱放入其中和匀浆透，然后提起拧干，抖散晾挂在竹竿上，干透后分绞理顺。棉纱上浆后强度增加，织造时不易断线，易于成布。

5.缠穗

襄子老粗布由经纬线交织而成，梭里面缠的穗即为纬线（图6-28）。缠穗时需要使纱线均匀地绕在竹签或铁签上，中间需保留空心带以使纬线能够从中间抽出，图6-29所示为缠制的半成品及缠制完成的线穗。

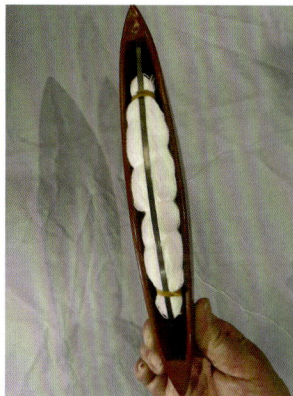

图6-28　固定于梭内的线穗　　图6-29　线穗半成品及成品

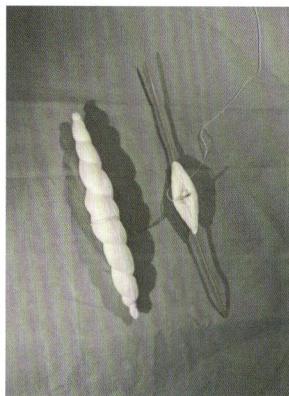

6. 经纱

经纱是织造准备的主要工序之一，需根据所织粗布的长度、幅宽、图案和色彩要求进行合理布纱，主要包括经线、穿型板、上机、穿综等步骤。首先需根据整经长度（即拟织造的布匹长度）进行排桩，再依据织物总经根数重复牵经至足数为止（图6-30），此步骤可使用整经机代替。再将纱线按照图案要求逐一穿过型板孔隙（图6-31），上机时需将经线梳理整齐（图6-32），将经线按顺序穿过综线，近端按照经线颜色打结固定（图6-33），远端绞入卷经轴（图6-34）。

图6-30　经纱

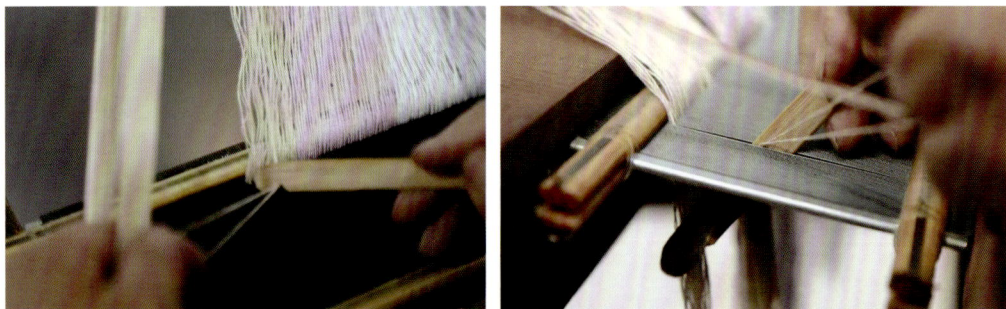

图6-31　穿型板

图6-32　梳理经线

图6-33　经线近端打结固定

图6-34　经线远端绞入卷经轴

7.织造

织造工序包括提综、投梭、打纬、撑布、卷布等步骤。织造时操作者控制脚踏板或腰带以使经线开合，再投梭使梭穿插于经线孔隙送入纬线（图6-35），然后推动打板使纬线排布紧密（图6-36）。如此循环往复，经纬线交织成布。织造过程需始终观察经轴上的经线有无断头或紊乱，发现问题应立即停机整理接续。目前襄子老粗布的幅宽通常在54.5cm左右，每米布由1066根经线、约1600根纬线组成。每织一米布大约需要织女推送手臂1600下，一名熟练的织女每天大概能织造10米一等布。

图6-35　投梭

图6-36　打纬

三、产品加工与检验

襄子老粗布织成后，还需要经过裁剪（图6-37）、刺绣（图6-38）、缝制（图6-39）、检验（图6-40）等生产加工工序进一步制成日常用品。手工织造的襄子老粗布幅宽为54.5厘米，制作床上用品时需根据尺寸拼接缝制，拼接处采用双合针的缝法，正面和反面外观一致、不留毛边。

图6-37 裁剪

图6-38 刺绣

图6-39 缝制

图6-40 检验

第五节　工艺特征与纹样

（一）工艺特征

手工织造的襄子老粗布线粗纹深、质地厚实、手感柔软、不易卷边，持久耐用。在性能上，由于老粗布采用纯棉纱为原料、工艺过程纯手工，因此透气吸汗、抗起静电，舒适度高且绿色环保。旧时的襄子老粗布为手纺线、手织布，手纺线粗细不均匀，织出的布面略微粗糙，现在多为机纺线、手织布，机纺线粗细更均匀，织出的布面更为柔软细腻（图6-41）。

图6-41　襄子老粗布织物纹理

（二）纹样特征

早期的襄子老粗布以白色为主（图6-42），后来将织成的白布整体染为黑色、蓝色等颜色，用于制作裤子、外衣。到20世纪中期以后更多地将纱线染成不同颜色，织造带纹样的粗布。襄子老粗布的纹样以条纹为主（图6-43），通过不同色线的重复、平行、连续、间隔、对比，形成特有的节奏和韵律。其中，最具代表性的典型纹样为

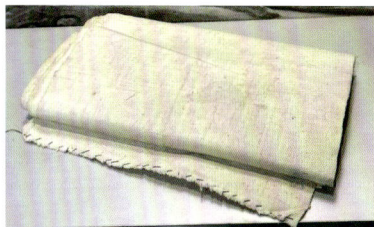

图6-42　早期白色粗布

"三色六条"（图6-44），即在有限幅宽内采用三种颜色的经线依次排列，重复两次后形成六条彩色条纹。襄子老粗布的纹样变化多样、色彩鲜艳绚丽、风格粗朴豪放，是当代劳动人们依托古老的织造技艺一梭一梭织造而成，既蕴含古老的人文气息，又融入了现代的流行色彩。

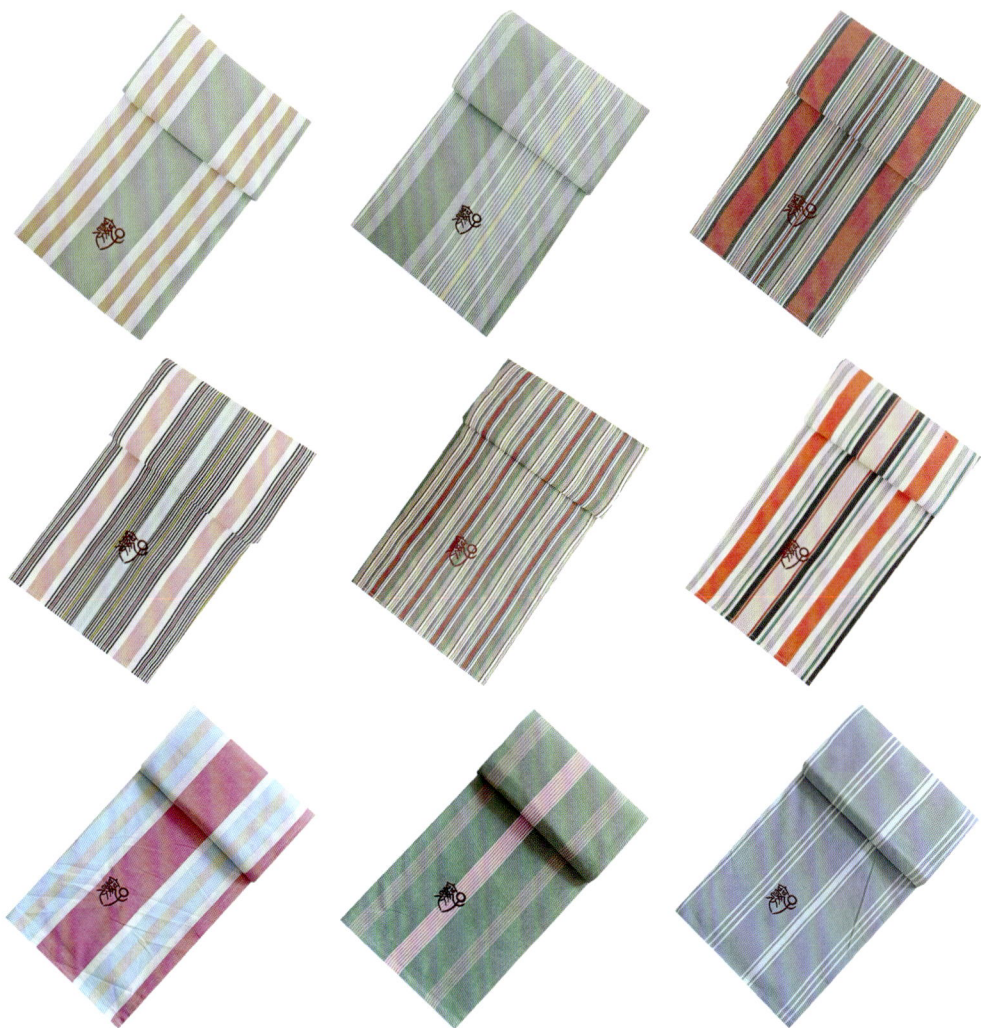

图6-43　条纹类粗布9款

图6-44 经典纹样"三色六条"

第六节 作品赏析

襄子老粗布的产品以家居用品为主，包括床上用品、家居服饰和其他生活用品。近年来，襄子老粗布正在尝试进一步开发能够实现定制化加工的产品类型，以满足更多消费者的个性化需求。

一、床上用品

床上用品是襄子老粗布的主要产品类型，根据纹样和使用场景可分为不同系列，其中以经典纹样"三色六条"系列、纯色刺绣系列、婚庆系列、印花系列、盘扣系列最具代表性。

（一）经典纹样"三色六条"系列

图6-45所示为襄子老粗布的经典纹样"三色六条"系列四件套床品，此系列为国家粗布行业标准的标杆产品。面料采用三色线条有序拼接的纯手工织造襄子老粗布，面料密度为51根/英寸×40根/英寸，使用12针/3厘米的针脚进行双合缝拼接制成。

图6-45 经典纹样"三色六条"系列床品

（二）纯色刺绣系列

纯色刺绣系列产品丰富多样，通过不同色彩的纯色粗布与各类刺绣图案的搭配设计，能够呈现出不同的视觉风格。图6-46所示作品为《金玉满堂》，采用橘红色粗布为底，被套和枕套上有金鱼穿行于水草中的刺绣图案，以谐音取"金玉满堂"的美好寓意。图6-47所示作品为《空谷幽兰》，采用玫红色粗布为底，被套和枕套上有兰花和奇石的刺绣图案，呈现高洁美好的寓意。图6-48所示系列作品为《花开吉祥》，采用素雅色系的粗布为底，床单右下角有牡丹、祥云和传统吉祥文字样式，作品风格简约高雅。

图6-46　纯色刺绣系列床品《金玉满堂》　　　　图6-47　纯色刺绣系列床品《空谷幽兰》

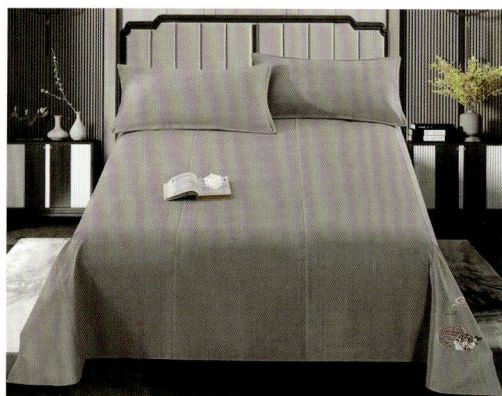

图6-48　纯色刺绣系列床品《花开吉祥》

（三）婚庆系列

婚庆系列是襄子老粗布的核心品类之一，在色彩鲜艳的红色手工粗布上绣制各类寓意喜庆吉祥的传统纹样，祝福新人喜结良缘、幸福美满。图6-49所示为婚嫁系列九件套产品《喜上枝头》，一对栩栩如生的喜鹊立于绽放的牡丹枝桠上，配以双喜团纹，象征喜上枝头报吉祥，富贵如山喜中来，双喜临门合家欢，比翼双双把家还。

图6-49 婚庆系列床品《喜上枝头》

（四）印花系列

印花系列是在土布织好后，通过印染的方式在纯色粗布上印上花纹。印花系列能够承载样式丰富、大面积的纹饰，具有较大的创新设计空间，但在裁剪和缝制时需注意花纹对齐，以使图案造型完整。图6-50所示为印花系列床品《青花龙凤》，在白色粗布上满印青花龙凤图案，并以青色粗布嵌边装饰，突破了传统粗布产品的设计和呈现方式。该产品于2012年12月获得第七届中国民营企业新兴产业博览会创新成果金奖。

图6-50 印花系列床品《青花龙凤》

（五）盘扣系列

盘扣系列作品是襄子老粗布在产品设计上的创新尝试。图6-51所示产品《麦田》采用包括米色、咖色、黄色、绿色等色彩的色织条纹粗布与绿色粗布，由中心向四周间隔拼接，呈现风吹麦田的意象场景，枕套与被套接缝处均采用盘扣装饰，富含传统、乡土与自然相结合的审美意味。

图6-51　盘扣系列床品《麦田》

二、家居服饰

图6-52、图6-53所示为襄子老粗布制成的格纹家居服饰系列产品，采用黑、白、棕、咖四色交织的格纹粗布制成，女款为圆领，男款为翻领，前身贴袋，整体风格简约现代，吸汗透气、舒适耐用。

图6-52　格纹家居服饰（女款）

图6-53　格纹家居服饰（男款）

三、其他生活用品

（一）印花老虎枕

图6-54所示为印花老虎枕系列产品，以纯色襄子老粗布为底，印染不同风格的印花，缝制成双头老虎枕的造型，兼具美观性、舒适性、实用性和创新性。

图6-54　印花老虎枕

（二）厨房五件套

图6-55所示襄子老粗布制成的厨房五件套，含围裙1件、袖套2件、隔热手套1件、隔热垫1件，色彩以橙色为主色，以咖色为装饰色。该产品是襄子老粗布在家居

产品线上的积极探索和尝试，为传统粗布应用于更多类型的产品和更丰富的现代生活场景提供了参考。

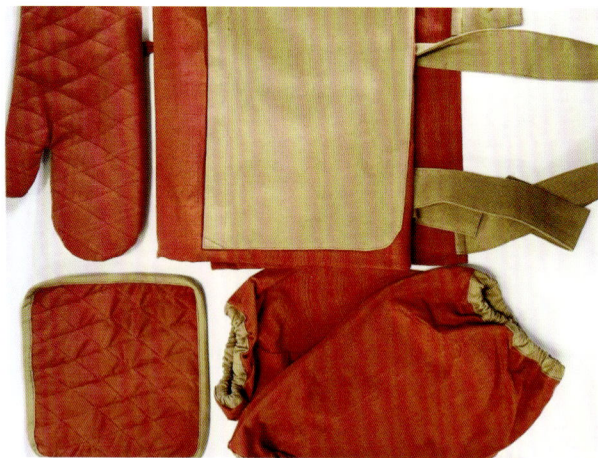
图6-55 厨房五件套

第七节 相关人员专访

为深入研究襄子老粗布织造技艺，笔者深入山西省襄垣县开展调研，并前往襄垣县非物质文化遗产体验馆和山西襄子老粗布有限公司生产基地，分别对襄子老粗布省级传承人赵志清女士、山西襄子老粗布有限公司总经理范雷钧先生进行了专访，以下为专访主要内容。

一、襄子老粗布省级代表性传承人赵志清女士专访

（一）您是如何接触到襄子老粗布织造技艺的？

赵志清：我是从小看姥姥、奶奶和妈妈做，逐渐喜欢上这项技艺的。我读小学的时候，中午放学回家经常看到她们在织布。最初我感觉很好奇，她们不在家的时候我就偷偷把梭子扔过来传过去。到十几岁读初中的时候，我开始尝试自己坐到织机上织布，那时候不会织，很容易一次断好几根线，妈妈过来把线接上就得接好几个疙瘩，慢慢地我也学会了织布。2010年襄子老粗布有限公司成立以后，公司招工的时候我去报了名，在那里织布，也下乡给农户做培训。

（二）下乡培训是怎样进行的？

赵志清：从2010年公司成立开始，厂里到各个村子召集农户，我们下乡培训好之后和农户签合同，把机器送到他们家中，农户在家里利用农闲的时间织布。后来有意向参加培训的人员越来越分散，有些住在市里，有些住在不同的村子里，一个

地方组织不到太多人，所以就开始组织学员到厂里培训，每期大概10个人。

（三）通常需要多长时间能够掌握这项技艺？

赵志清：大概十天可以掌握。但是掌握了流程之后，大部分人织出来的头一匹布通常会有一些瑕疵，织不成一等布，可能是二等布或者三等布。再通过练习，技术越来越好，慢慢就能织成一等品了。学习织布时最困难的是手工经线、穿综丝、穿型板的时候，每根线的方向应始终保持一致，如果穿斜了就容易打岔、断线。

（四）目前襄子老粗布在当地的整体传承情况如何？

赵志清：以前的老人很多都会织布，现在年轻人们大多数不会织了。公司组织培训农户之后，村里不出去外面打工挣钱的妇女，就利用送完孩子或者是农闲的时间在家里织布。以前的老织布机得用腰带配合脚踏，织得慢也费劲。现在改良之后的机器是双脚踏板，织起来方便了一些，但是相对也比较辛苦，每小时大概能织1米布，就算每天织10小时收入也不是很多。所以现在年轻人很少做这个，传承起来有一定困难。

（五）您是如何开展传承工作的？

赵志清：作为襄子老粗布的省级传承人，我觉得有责任通过自己的努力让更多人了解襄子老粗布。我从2010年到现在一直在参与对农户和学员的培训工作，很多人也成为了织布能手。2014年，襄垣县非物质文化遗产体验馆开馆，我就开始到馆里做襄子老粗布的展演展示。平时有观众来参观的时候，我就可以向他们讲解和演示襄子老粗布织造技艺，指导他们进行互动体验。另外，政府经常组织我们传承人外出学习、参加比赛，我都争取在这些过程中努力地提升自己。我从小开始接触、学习这项技艺，对襄子老粗布很有感情，只要是愿意来看的、来学的，我都不保留地演示、传授给他们，希望能让更多人知道老粗布是怎样织成的，把这项非物质文化遗产传承下去。

二、山西襄子老粗布有限公司总经理范雷钧先生专访

（一）公司最初是如何确定开展襄子老粗布的生产销售的？

范雷钧：以前襄垣县煤炭产业经济占比很大。2010年前后，政府支持产业结构转型，董事长栗树斌响应政策号召，选择了襄垣过去家家户户都在用的粗布进行创业。2010年3月公司成立时招聘了襄垣城里的几十名职工开始织布。后来采用"公司＋农户"的模式到周边村里设点，点对点地对村里的人进行培训，给农户带来了一定收入。2011年，公司受邀参加世博会，看到襄子老粗布被国内外的顾客喜欢，我们就更加下定决心要把这个品牌做好。

（二）品牌目前的产品线有哪些？

范雷钧：原来我们基本只生产老粗布四件套（含床单、被套、枕套），2023年，我们以襄子老粗布为基底、以家庭格局为中心扩展了产品，增加了床笠、床旗、靠

枕、服饰等产品。未来我们希望能够吸纳更多懂纺织、懂设计、懂市场的人才，生产出更多符合当前审美、适用于现代生活的大众日用品。同时增加更多能够满足消费者个性化定制需求的高端产品，满足不同客户群体的需求。

（三）目前主要的销售渠道是什么？

范雷钧：主要的销售渠道有线下实体店，线上淘宝店铺，以及抖音、快手、小红书等新媒体平台。线下实体店有直营店和加盟店两种模式，是主要的销售渠道，到2018年全国开设店铺200多家。2019年底开始受新冠肺炎疫情影响，物流、销售等全面受阻，销量断崖式下跌，目前线下保留了30多家店铺，主要分布在山西省内，包括太原、晋城、运城、长治、晋中，省外最北边的店铺在黑龙江绥化，最南边的店铺在云南丽江。线上我们在不断学习，积极尝试抖音、快手、小红书这些新的推广平台，以及直播带货、达人探店等新的营销模式，希望能够通过新模式、新渠道让品牌再度壮大起来。

（四）您认为如何平衡手工织造与机器生产之间的关系？

范雷钧：手工织造和机器加工出来的粗布质感是不一样的，机器织出来的布比较僵硬，手工织出来的布更加柔和。现在很多产品都能拿机器来代替手工，进行批量化生产，但是我们不会把手工织造丢掉，这是我们的初衷。作为企业，我们希望能够承担一定的社会责任，通过手工织造解决劳动就业问题，同时把襄垣地区传统老粗布的文化传承下去，特别是让年轻人能够感受到传统手工土布的韵味。

（五）公司为了保护这项传统技艺都做了哪些努力？

范雷钧：在项目保护和传承方面，我们公司作为保护单位将襄子老粗布织造技艺申请为非物质文化遗产代表性项目，同时通过"公司＋农户"的方式积极培养传承人。在产品生产和品牌建设方面，我们不断创新产品线，通过各种渠道进行推广，让襄子老粗布走进当代人的生活。此外，手工织造土布制作的床品之前没有行业标准，缺乏标准来衡量产品是否合格或者是否优质，我们参与编制了行业标准并且严格执行，在公司内部也有企业标准，每个批次的产品要做质检报告来保证产品质量。最后，地方政府大力支持发展非遗和乡村振兴，我们通过产品的销售带动农户增收，通过参加展会宣传襄子老粗布，都对襄子老粗布的保护和传承发展有一定帮助。

（六）襄子老粗布未来的发展规划是怎样的？

范雷钧：首先，我们会坚持做好品牌、做好产品，从营销上寻找不同的模式增加曝光量，从设计上生产符合年轻人审美观的产品，不能像以前只是摸起来舒服厚实就可以了，让襄子老粗布能够有市场、有销量，才能获得更长久的保护和发展。其次，我们会继续培训农户，把他们从家里请出来或者我们服务到家里去，为农户带来收入的同时延续襄子老粗布这项传统手工技艺。最后，在企业管理中将现代企业的管理理念引入进来，学习成功企业和家纺品牌的经验，在保持企业健康发展的同时，利用好、保护好襄子老粗布这项非遗项目。

第七章

民间绣活（武氏绣法）

晋绣是一个大概念，它的主题很宽泛，总体来说是传承于我国黄河流域民间生活的一种传统手工技艺。中华5000年文明史中，每个地方的晋绣风格特点都不一样，真切生动地反映了三晋大地朴实自然的民俗生活。晋绣色彩艳丽、构图简洁、造型夸张，极具黄土高原朴实、粗犷的民风，如果说典雅素净的苏绣是工笔画，那么古朴豪放的晋绣就是写意画。"武氏绣法"就是晋绣的一种，是武氏家族代代传承下来的民间技艺。2015年，武氏绣法被列入太原市非物质文化遗产保护名录，被越来越多的人所熟知。2017年，武氏绣法被评为山西省第五批非物质文化遗产代表性项目（表7-1、图7-1）。2019年，武俊敏女士入选山西省非物质文化遗产代表性项目民间绣活（武氏绣法）的代表性传承人（图7-2）。武俊敏在传承晋绣"武氏绣法"的基础上，不断进行艺术再创造，在刺绣界形成了独树一帜的风格。

表7-1　项目简介

名录名称	民间绣活（武氏绣法）
名录编号	Ⅷ-05
名录类别	传统美术
名录级别	省级
申报单位或地区	山西省太原市
传承代表人	武俊敏

图7-1　民间绣活（武氏绣法）山西省级非物质
文化遗产项目证书

图7-2　山西省级非遗代表性传承人证书

第一节　起源与发展

一、武氏绣法的起源

"武氏绣法"起源于汾阳（目前汾阳是山西省辖县级市，由吕梁市代管），武氏家族是末代晋商，早在1850年，武俊敏的曾祖父武丰盛（1796—1867年）便带着长子武权瑞与次子武辑瑞走西口谋生计。在历经学徒、司账、分庄执事等磨炼后，武丰盛在当地开办了丝绸庄与皮草行。武丰盛的妻子贺桂英聪明好学、心灵手巧且十分擅长刺绣技艺，并一代代传了下来。武氏绣法的传承谱系见表7-2。

表7-2　武氏绣法的传承谱系

代别	姓名	性别	出生时间	传承方式
第一代	贺桂英	女	1883年	祖传
第二代	靳秀荣	女	1909年	祖传
第三代	李桂英	女	1941年	祖传
第四代	武俊敏	女	1966年	祖传与师传
第五代	王婧	女	1989年	祖传与师传
第六代	张菡睿	女	2016年	祖传

清末民初，女红再度掀起高潮，刺绣不仅成为一种时尚的标志与生活品位的象征，而且题材更为丰富，应用更加广泛，与民众生活息息相关。武俊敏的祖母靳秀荣曾上过几年私塾，学过画画，练过书法，在后来的刺绣作品中，靳秀荣都是脱稿完成，自己勾图、自己绣制。在武俊敏的记忆里，靳秀荣总是坐在炕头上做针线活儿。每逢邻里街坊婚丧嫁娶、小孩过满月都要把靳秀荣请过去做几天针线活儿。靳秀荣经常在各种面料或报纸上剪剪贴贴，还会做许多布艺玩具，如布老虎和布娃娃。在武俊敏童年的生活记忆中，靳秀荣为自己做的虎头帽、虎头鞋、虎头围嘴，个个造型别致。

武俊敏的母亲李桂英继承了婆婆的绣艺，擅长剪窗花、做布鞋、绣鞋垫，每年都要绣许多鞋垫送给家人和亲朋好友。此外，她还喜欢描花，至今仍能脱稿画出"喜鹊登梅""莲生贵子"等鞋垫纹样。受家庭文化氛围潜移默化的影响，武俊敏自幼就喜欢绘画和民间刺绣技艺。

二、武氏绣法的发展

20世纪80年代，20岁出头的武俊敏被招进太原市戏装刺绣厂。90年代，武俊敏调到山西纺织印染厂刺绣车间工作，后又被派至深圳学习电脑PC绣花制版软件技术，成为刺绣车间的骨干力量。这段工作经历，让武俊敏在绘画设计的基础上，掌握了前沿的绣花制版技术。工厂破产后，武俊敏与丈夫租用原单位的机器打开创业之门。她一边开拓机绣订单，一边搞起晋绣艺术创作。1998年，武俊敏成立"太原市百汇绣品公司"。为了发展壮大晋绣事业，保护和传承山西晋绣这一历史悠久的民间艺术，保存山西特有的民间"文化基因"，并使其再次绽放光彩，2009年武俊敏将其更名为"太原市唐人绣坊艺术品发展有限公司"，也称"唐人绣坊"，由此不断壮大并创新武氏家族的绣艺。

依托唐人绣坊，武俊敏将家族刺绣技艺与其他风格技艺巧妙融合，创新形成了许多具有武氏特色的别致绣法，并且加大了宣传和推广力度。2024年3月唐人绣纺参加第六届中国（大连）国际文化旅游产业交易博览会，向国内外友人展示了醇厚的晋绣文化和精美的武氏绣法产品（图7-3）。2024年5月唐人绣坊入选参加第二十届中国（深圳）国际文化产业博览交易会，参展的刺绣作品深受各方宾客的好评和喜爱（图7-4）。2024年8月武俊敏受邀参加中国少数民族用品协会《服饰里的中国》丛书创作研讨会（图7-5），同月又参加了《中国民间工艺集成·山西卷》编纂工作（图7-6）。武俊敏为山西非遗文化的传承和发展积极贡献自己的力量。武俊敏所获部分荣誉见表7-3。

图7-3　武俊敏参加第六届中国（大连）国际文化旅游产业交易博览会

图7-4　武俊敏参加第二十届中国（深圳）国际文化产业博览交易会

图7-5　武俊敏参加中国少数民族用品协会《服饰里的中国》丛书创作研讨会

图7-6　武俊敏参加《中国民间工艺集成·山西卷》编纂工作

表7-3　武俊敏所获部分荣誉一览表

时间	奖项说明	获奖单位	证书展示
2012年5月	作品《父亲》荣获2012年中国工艺美术"百花奖"银奖	中国工艺美术学会、中国轻工业联合会、中国轻工珠宝首饰中心	

时间	奖项说明	获奖单位	证书展示
2014 年 5 月	作品《马上起舞》在中国国际手工文化创意产业博览会上获得 2014 "玩美杯"中国国际手工艺术拼布大赛民间设计奖	中国国际手工文化创意产业博览会组委会	
2015 年 9 月	《瓜瓞绵绵》获"山西文化产业博览交易会'神工杯'工艺美术精品奖"银奖	第二届山西文化产业博览交易会工艺美术专业委员会	
2017 年 7 月	作品《母亲的手艺》荣获"推动供给侧结构性改革　促进创业就业——首届全省职工手工艺品展评活动"特等奖	山西省总工会和山西省城镇集体工业联合社	
2020 年 10 月	作品《婚书》在首届山西工艺美术产品博览交易会上荣获工美产业联盟晋艺"太行杯"文创奖金奖	首届山西工艺美术产品博览交易会组委会	
2021 年 11 月	作品《母亲的花》被中国丝绸博物馆收藏	中国丝绸博物馆	

第二节　风俗趣事

一、融汇异域风情的"武氏绣法"

早年间，汾阳流传有一首童谣："恰克图、库伦、张家口，买回糖食送进口，抿了一口又一口……"童谣里唱的是旅俄晋商。武俊敏的曾祖父、祖父均是恰克图的经商者，他们从汾州府出发，一路向北，途经杀虎口，到达恰克图。19世纪中期，恰克图口岸是中国与俄国唯一的贸易口岸，两国的民间商品和民俗文化在这里相遇、交织并融合。她的爷爷在恰克图经商做生意，每次归家时，总要从贸易口岸给家中的女眷们带一些缀着小流苏、小银器、小铃铛及各种彩色丝线和绣花卡片等充满异域风貌的刺绣物件，在那时候这样带有"洋味"的异域稀罕物着实称得上奢侈品。擅长绣艺的曾祖母带领儿媳将这些域外的精致材料精心地绣进一件件绣品中，这些元素让晋绣"武氏绣法"从一开始就融合了山西本土的风土民情和万里茶路上的异域风情，由此武家的刺绣便蕴含了普通百姓家不曾有的味道。

二、三十余载针线年华

1988年武俊敏在太原市戏装刺绣厂工作期间，老师傅们精湛的技艺让年轻的她如痴如醉。其间，武俊敏将绘画与刺绣结合在一起，并学习掌握了各种戏装刺绣要领与出口抽纱绣片等制作工艺。渐渐地，武俊敏将祖传与师传的技艺融为一体，形成具有武氏特色的别致绣法。武俊敏一有时间就拿着还有空白面的纸张开始描画刺绣纹样，从龙凤狮虎到飞禽走兽，从花鸟鱼虫到卡通人物，足足有几千幅作品。她至今还保留着厚厚的四本手稿。同时，武俊敏还是位有心人，别人扔掉的废纸盒、礼品袋等，只要上面有心仪的图案，她都要剪下来进行收藏，积累创作素材，激发创作灵感。如此三十余载针线年华，才形成了今天武氏绣法独特的刺绣风格。

三、具有刺绣天赋的孙女

武俊敏的孙女在两岁半的时候，就跟着她学习刺绣，当时她的孙女就能脱稿在绣花绷上刺绣，而且针针到位，细致有序。两岁半的年龄会刺绣，这让大家都感到十分惊讶，都认为她孙女有刺绣基因，并且能超越武俊敏。所以平时在家武俊敏总是会为孙女备好小绷子和各种颜色的绣线，以便于她想绣的时候，随时都能绣。在她孙女7岁半的时候，武俊敏就经常带她参加各种非遗展示活动和研学体验活动，圈子里面都知道武老师有一个7岁的会刺绣的孙女。

四、师从名家，跨界学习

武俊敏也曾经向清华美院纤维艺术创始人林乐成老师学习过纤维艺术。2015年她还加入了全国拼布沙龙总会，她的拼布老师就是全国拼布第一人吴学芝老师。吴学芝老师发现武俊敏非常有天分，就把她当成苗子进行培养，并让她担起全国拼布沙龙山西分会会长的重任。武俊敏也觉得这是好事，因为山西的刺绣和拼布统称布艺，它们一直以来就是相辅相成、彼此成就的姊妹艺术，所以武俊敏将拼布和刺绣结合起来，创新形成了一种拼绣合一的工艺，并开发出了染绣合一、剪绣合一、画绣合一等刺绣技法。

第三节　制作材料与工具

武氏绣法的制作材料和工具主要有绣绷、绣架、绣剪、绣针、绣线、颜料、画笔等。

一、绣绷

绣绷又称圆绷，或手绷，由内圈和外圈组成，将绣布夹在内外圈中，用于绣制小件（图7-7）。武氏绣法有多种不同大小的圆绷。

二、绣架

为方便刺绣者在不同场合和地点刺绣，配备了不同规格的绣架（图7-8），绣架的使用和组装非常方便，可以根据所用绣绷调节绣架的大小。

图7-7　圆绷

图7-8　绣架

三、绣剪

绣剪用于剪绣花线。武氏绣法一般用翘头小剪刀，这样可以防止剪刀头碰坏绣底（图7-9）。

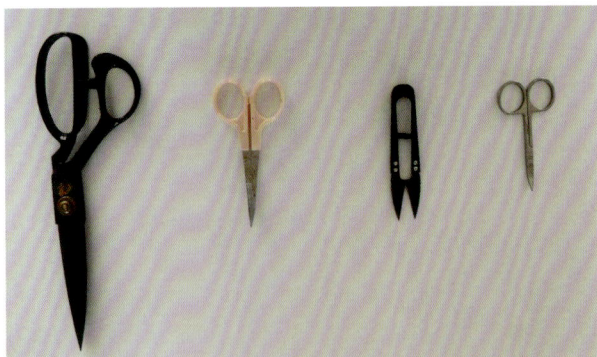

图7-9 绣剪

四、刺绣针

根据所绣材质和用线的粗细决定针的大小，一般刺绣用针有3号、4号、5号、6号（图7-10）。

图7-10 刺绣针

五、绣线

武氏绣法的风格潇洒灵动，其所用绣线也不拘一格，有棉线、丝线、化纤线，还有开司米线、毛线、丝带等。绣工们会根据布料材质及布料颜色和纹样选取粗细和颜色不同的绣线（图7-11）。

图7-11 绣线

六、颜料

武氏绣法一般采用丙烯颜料（图7-12）将绣布画染成其他颜色。

七、画笔

武氏绣法画染所用的画笔一般是不同型号的毛笔（图7-13）。

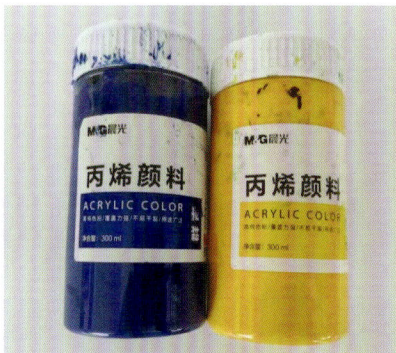

图7-12　颜料

图7-13　画笔

第四节　制作工艺与技法

武氏绣法的制作工艺主要包括刮浆上衬、描绘花样、刺绣等。其针法别致独特，除平针、参针和插针外，还有盘绣、拉绣、挂绣、堆绣等。

一、刮浆上衬

用羊毛刷将浆糊刷在底布上，将布一层一层粘贴起来，每裱一层要反复挤压整平，让几层布成为一体（图7-14）。之后将粘好的底布放在通风且阳光充足的地方暴晒几天。

图7-14　刮浆上衬

二、描绘花样

在设计图稿时要充分考虑刺绣工艺的特点，尽量简练，使其适于刺绣工艺，适于用针线来表现其特点。绣工们有时是提前设计好图稿，有时是即兴发挥，直接脱稿勾画出造型，描绘到底布上（图7-15）。

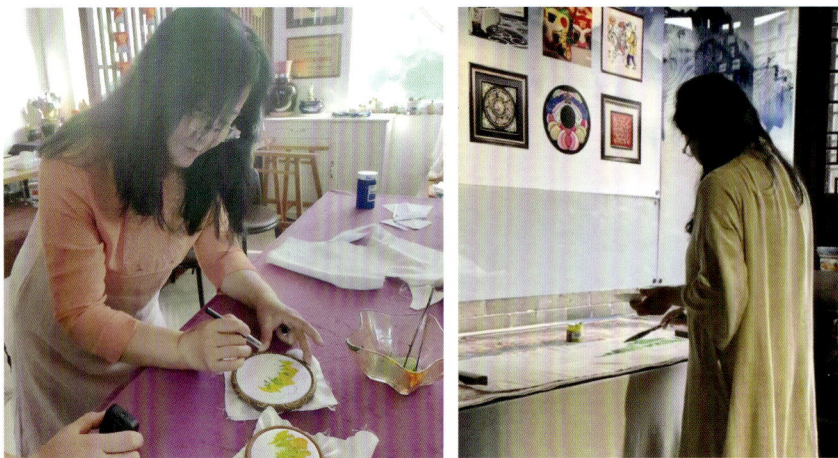

图7-15　描绘花样

三、刺绣

将描绘在底布上的图案采用不同的针法和技艺绣制出来，绣完后根据需要再对作品进行裱框（图7-16）。

图7-16　刺绣

武俊敏也充分利用现代科学技术，将传统手工刺绣的原创优势与电脑刺绣的制版优势相融合，各取其长，不断推陈出新，既秉承了中国传统刺绣的艺术风格，又融合了现代时尚元素。如今，唐人绣坊已发展成为山西文化产业一张亮丽的名片，中国品牌研究发展中心还将唐人绣坊作为"中国刺绣品牌建设示范单位"加以培育和扶持，着力打造晋绣第一品牌。

四、特色别致的针法技艺

"武氏绣法"的针法分为9大类200余种，主要有平针、齐针、掺针、锁针、套针、施针、乱针、滚针、切针、平金、打点、打籽、冰纹针、挑花、纳纱、堆绣、刻鳞针、施毛针、穿珠针等，具有平、光、齐、鼓、匀、和、细、密等特点。

最突出的针法是平针、掺针、插针三种。平针即以"平涂式"的色彩效果，使画面整体均匀、平稳；掺针则以"晕染式"让画面颜色深浅过渡得自然、有光泽、有质感；插针是通过"点缀式"使画面局部华丽、活跃。从不同针法中，武俊敏又延伸出独特的盘绣、拉绣、挂绣、堆绣。盘绣是将数根丝线搓成细绳，用绳线盘绣出图案，立体感强，多用于服饰中勾勒关键的图案元素；拉绣是将丝线绣出编织效果，一般用于装饰品；挂绣是用色线绣成彩条，装饰吊带之用；堆绣是将棉絮充入主体图案布层里，形成起伏不一的浮雕效果。

第五节　工艺特征与纹样

一、工艺特征

武氏绣法的作品让人认可与喜欢，不仅取决于高超的绣艺，更是因为它具有别人不具备的独特创意及文化内涵。一方面，武氏绣法传承了手工创作的剪、贴、补、染、印、撩、切等民间工艺和技法，把传统刺绣的平针绣、乱针绣、堆布绣、贴金、银绣、染印绣、镂空绣等技法发挥得淋漓尽致；另一方面，武俊敏将祖传与师传技艺融为一体，匠心独运"晋文化"中的"晋元素"，创新出"以针代笔""以线润色""以立体为造型""以堆为骨"等技法，使晋绣这一文化瑰宝在保留传统刺绣风格的基础上，实现了新的超越。武俊敏还创新出"画绣融合""染绣融合""剪绣融合"等技法，并将其应用到家居用品、纪念品、艺术品、文创产品、服装服饰等产品体系中，在刺绣界形成了独树一帜的艺术风格。武氏绣法的工艺流程特点是根据绘画的原创稿，通过设计绣针顺线的痕迹，分序其颜色，预演其针法。然后，依据作品内容的风格特色，设计相匹配的布艺外框造型和款式，更增添了作品的独特性和趣味性。

二、纹样

武氏绣法的纹样题材十分丰富，有花鸟、蝴蝶、蝙蝠、佛手、寿桃、鸳鸯、龙凤、仙鹤等传统动植物纹样（图7-17），寓意深刻，充分彰显了中华优秀传统文化。如蝙蝠和佛手象征"福"，寓意幸福美满；梅花鹿象征"禄"，饱含鼓励上进之意；寿桃和仙鹤象征健康长寿；鸳鸯、龙凤表示夫妻恩爱、婚姻幸福美好。这些都寄托着人们对美好生活的追求和向往。

(a) 蝙蝠

(b) 喜鹊

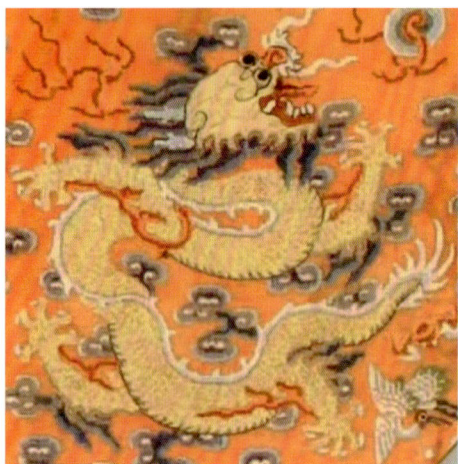

(c) 龙

(d) 蝶喜

(e) 兰花

(f) 花草

图7-17 动植物纹样

除了传统文化元素纹样，武俊敏还发明创新了创意染纹样，创意染纹样具有潇洒自由、随性灵动的特点，深受当代年轻人的喜爱，是当前武氏绣法的主流纹样（图7-18）。

图7-18　创意染纹样

第六节　作品赏析

　　凭借特殊的针法、五彩斑斓的绣线和创意染画，"武氏绣法"绣制出来的作品达到了一般刺绣所不及的艺术效果。"武氏绣法"作品种类繁多，如被罩、枕顶、门帘、靠枕、服饰、衣戴佩物、婚嫁礼品等生活用品，还有肚兜儿、围嘴、虎头帽、香包、装饰画、汽车挂件等儿童用品和装饰品。这些作品不但让人欣赏到了古老元素的意境美和刺绣的工艺美，而且是品质的传承，是表达心灵的窗口，更是精神的寄托。

一、装饰画刺绣系列

　　作品《瓜瓞绵绵》如图7-19所示，创作于2018年，作品尺寸为60厘米×60厘米，材料采用黑色绒粘布、彩色丝绸、绣花丝线、实木书画框。《诗经·大雅·绵》中写道："绵绵瓜瓞，民之初生，自土沮漆。"意思是说周人的祖先来自沮水和漆水一带，像绵延的瓜瓞那样代代繁衍生息。后来人们就用"瓜瓞绵绵"作为祝福他人子孙昌盛、事业兴旺的吉祥语。作为吉祥图案，"瓜瓞绵绵"寄托了人们期盼儿孙满堂、幸福吉祥的愿望。作品由瓜和蝴蝶构成，取蝴蝶谐音"瓞"，这种形式在清代较为流行。运用平针绣、锁针绣、堆骨绣等工艺，使作品呈现出立体的浮雕之美，深受大家的喜爱。该作品已被山西艺术职业学院美术馆收藏。

　　作品《吉祥有余》如图7-20所示，创作于2014年，作品尺寸为102厘米×86厘米，材料采用黑呢子、丝绸、丝线、织锦缎、实木框。在民间，自古以来"大象"就有寓意吉（象）祥、祥和之说。该作品立意独特，构思精巧，色彩对比强烈，大

图7-19　《瓜瓞绵绵》

图7-20　《吉祥有余》

象的背部毛毡上巧妙地装饰了一串以"十"条鱼象征的挂件，有"年年有余"之意，整个对比色中采用武氏绣法中的堆骨绣、贴布绣，以及平针和插针等多种技法完成，作品中明黄、湖蓝软缎和祥龙织锦相配搭，颇有皇家之大气，使大象本身及祥龙织锦外框整体达到完美统一的效果。该作品获得2014年山西省第二届工艺美术大师作品展暨艺术精品博览会、山西省第二届工艺品创新设计大赛金奖。

作品《母亲的花儿》如图7-21所示，创作于2021年，作品尺寸为76厘米×76厘米，使用丝绸、丝线等材料。这幅作品构建了一座百花园，里外三层，错落有致。第一层，武俊敏先将祖母常常绣在枕顶上的那朵绽放的牡丹设定在花园中央，多少年任其风来摆动，依旧安然挺立，优雅别致；第二层，再将母亲剪出的窗花中经典的那四只会说话的鸟儿图案，分别布局在四个相同的牡丹花瓣里，看似呢喃私语，一派鸟语花香的美好景象；第三层，那些欢快的鱼儿、美丽的花儿和可爱的鸟儿代表晚辈们在艺术的百花园里尽情欢笑，载歌载舞。该作品入选2021年浙江省文旅厅、浙江省文物局、中国丝绸博物馆主办的"时间的艺术 当刺绣超越时尚"主题展活动，被中国丝绸博物馆永久收藏。

作品《马上起舞》如图7-22所示，创作于2014年，作品尺寸104厘米×80厘米，材料使用彩色丝绸、棉花、绣花线。这是一幅反映山西中部农村其乐融融去赶场的欢乐场景，反映了党的政策暖人心，农民日子越过越红火，农村文化活动紧锣密鼓、欣欣向荣。作品中一家人喜气洋洋去表演，爸爸头上裹了白手巾、按上了一副假胡子，妈妈画了道具妆，小朋友摘一朵小花当发卡，糖葫芦不忘手中拿，可爱神马也化妆，眼睛眨巴眨巴示意赶快出发，全家人在马背上翩翩起舞。作品获得2014年"玩美杯"中国国际手工文化创意博览会中国手工拼布大赛"民间设计奖"。

图7-21 《母亲的花儿》

图7-22 《马上起舞》

作品《暖情》如图7-23所示，创作于2018年，作品尺寸是60厘米×60厘米，使用丙烯颜料、油画布、绣花线、木质书画框等材料。作品截取了太行人家听闻"喜迎党的二十大政策暖人心"的好消息"回娘家"报喜的场景画面，采用"画绣合一"的艺术表现形式，以夸张、拟人、民俗的手法将"暖情"描述得委婉风趣、栩栩如生、活灵活现。作品中人物角色相互呼应，脸上充满笑意，体现了党的好政策让农民生活越来越红火。该作品通过新时代、新农村的一个小家庭对实施乡村振兴战略政策的期盼和拥护，反映了党和国家尊重广大农民意愿，激发广大农民积极性、主动性、创造性，激活乡村振兴内生动力，让广大农民在乡村振兴中有更多获得感、幸福感、安全感，表达了天暖、地暖、人暖、情暖、政策暖，生活越来越温暖！

作品《盛世吉祥》如图7-24所示，创作于2019年，作品尺寸是79厘米×79厘米，使用材料为黑色呢子、绣花丝线、实木框等。作品主题是庆祝中国共产党成立100周年。作品中"瓜"和"花"缠绵组合，蝴蝶围绕着寿桃、佛手和石榴翩翩起舞，象征着祖国国泰民安、繁荣昌盛，中华民族生生不息、团结奋进。作品整体呈"天圆地方"结构，象征着各民族互补共生、稳定和谐。

图7-23 《暖情》

图7-24 《盛世吉祥》

二、手工艺产品系列

作品《布老虎抱枕》如图7-25所示，创作于2014年，作品尺寸是50厘米×50厘米，该作品采用丝绸、丝线、棉花等材料。作品是根据民间传统布老虎元素进行改良和创新，并将布老虎的形象应用到生活中，充分体现了艺术生活化、生活艺术化之理念。布老虎抱枕的色彩耀眼浓烈，造型憨态可人，它的胡子、舌头触手可及，鼻子和眼睛运用了晋绣技法中有立体感的堆鼓绣和锁针绣，既保留了曾经的老手艺，又融入了创新的理念与功能。重要的是它集观赏和实用于一体，是一款老少喜欢、民俗时尚相融合的家居品。该作品获山西省委宣传部2015年山西省文化产业重点扶持项目"特色文化产品类"资金扶持。

作品《母亲的手艺》如图7-26所示，创作于2017年，作品尺寸为30厘米×50厘米，采用丝绸、棉花、绣花线、精致卡纸等材料。作品采用布艺做抽缩造型和刺绣物件相融合，色彩对比强烈，地域味道浓郁，中间吉祥物蟾蜍，也叫金蟾，自古就被认定为是吉祥之物，与貔貅一样有着生财致富的寓意，它能够激励人心，寄托对美好生活的愿望，传达招财进宝的美好寓意。凤凰非梧桐不栖，金蟾非财地不居，金蟾所居之地都是聚财之宝地。"蟾宫折桂"也用来比喻功名成就，前程似锦。作品《母亲的手艺》传承了传统文化的精髓，作为一款创意创新布艺刺绣作品，备受年轻人青睐。

图7-25 《布老虎抱枕》

图7-26 《母亲的手艺》

作品《婚书》如图7-27所示，创作于2018年，作品尺寸为60厘米×30厘米，使用材料包括织锦缎、软缎、丝线、裱画陵子、书画轴等。《婚书》上刺绣的文字为："两姓联姻，一堂缔约，良缘永结，匹配同称。看此日桃花灼灼，宜室宜家，卜他年瓜瓞绵绵，尔昌尔炽。谨以白头之约，书向鸿笺，好将红叶之盟，载明鸳谱。此证。"婚书最早起源于唐代，是中国古代男女双方结婚时的文约。早年间婚书均为手写，多用红纸墨书，笔迹保真和纸张保存尤为困难。如今用刺绣这种全新的方式加以表达，不但便于收藏，还可以为婚礼增添满满的仪式感，它不仅是好友对新人喜结连理的见证，更寄托着父母对子女最诚挚的祝福。该作品获得2020年首届山西省工艺美术产品博览交易会"太行杯"金奖。

图7-27 《婚书》

第七节　传承人专访

笔者专程前往山西省太原市唐人绣坊文创艺术馆对武氏绣法的刺绣技艺进行实地调研，并对传承人武俊敏女士进行了专访，以下是本次专访的主要内容。

一、请问您是如何接触到并喜欢上武氏绣法的？

武俊敏：我从小就受奶奶和母亲的耳濡目染。我母亲绣鞋垫、家装、床饰、服饰等生活日用品绣得非常好。我小时候生活的汾阳小南关街，当时街上有许多比我大三四岁的姐姐们都特别喜欢刺绣，我也特别喜欢和她们一起玩儿，经常帮她们架线、绕线。可以说在七八岁的时候，我已经参与刺绣了。另外，我特别喜欢绘画，我奶奶平时就是自己脱稿画东西，并且她能双手同时画不同的图案，在她的影响下我也经常练习绘画。还有一点就是我们家族有走西口经商的历史，在当时我们比一般人过得富裕一些，所以我奶奶平时就有时间和条件从事这些艺术性的刺绣创作，不是市场化功利性的，纯粹是喜欢和爱好。我对我们家族刺绣的历史渊源充满自豪和自信，而且现在国家越来越重视刺绣非遗文化的传承，我非常庆幸出生在这样一个家庭里。

二、您是如何从爱好喜欢到从事这项工作的？你认为重要标志性事件有哪些？

武俊敏：1988年，在我24岁的时候通过招工进入太原市戏装刺绣厂，是我正式从事刺绣事业的标志性事件。当时我有许多从事其他工作的机会，我都没有为之动容。直到有一天无意在山西广播电视报上看见一条太原市戏装刺绣厂因工作需要向社会招聘25名刺绣工的招聘启事，我看到后十分兴奋和激动，后来通过招聘考试顺利进入太原市戏装刺绣厂。太原市戏装刺绣厂主要就是以做戏装为主，我也特别喜欢戏装，特别是戏装上的纹样我从小就喜爱，而且戏装的制作部件和款式工艺也正好契合我们家族的刺绣技艺。在1988～1998年的11年时间里，我先后担任过绣花工、图案设计员，通过不断的学习与努力，积累了更加丰富的刺绣技艺，为我日后开拓发展"武氏绣法"奠定了坚实的基础。后来我调入山西纺织印染厂的刺绣车间工作，随着山西纺织印染厂倒闭和整体改制，我和丈夫双双保留了工作岗位，租用原单位的厂房、设备开启了创业之路。1998我们成立"太原百汇绣品公司"，2009年将其更名为"太原市唐人绣坊艺术品发展有限公司"，这期间我又积累了大量营销和管理经验。这不仅归功于我自身勇于承担、坚韧不拔和吃苦耐劳的品格，还有我丈夫对我的坚定支持。随着家族的发展和自身的成长，我一直有个愿望，就是建立家族刺绣博物馆，我也一直在为这件事努力。

三、请您谈谈您在武氏绣法的传承和发展过程中做出的最突出的贡献。

武俊敏：最重要的贡献应该是对该项刺绣技艺的创新。一是对基础材料的创新，即通过画染将一块纯色的白布变成自己想要的颜色，或在白布上加上一些独特的设计元素。我认为基础材料有了创新，那么你的刺绣手艺就不会被别人模仿，因为一般的模仿都是表现在技法和图案上，材料上的创新是无法被模仿的。二是思维的创新、意识的创新。例如，我把画染后的布块儿随意揉搓，晾干后就会形成神秘且有趣的纹路，看似复杂，实则自然而简单。还有就是我经常把边角布料进行拼接形成新的图案或者改变其本身用途，这些都属于意识创新和思维创新。总之创新是多元化的、方方面面的，它来源于对刺绣事业的热爱和不断的尝试。

四、您参加过哪些政府组织的相关公益性的进修学习班？

武俊敏：我每年都会参加政府组织的各种公益性的进修学习班，比如清华美院、苏州美院、西安美院和湖南工艺美术职业学院等专业技能进修班，还有厦门大学等高校的专业理论知识学习班，不断地从实践技能和专业理论两方面拔高自身的水平。这也得益于山西省政府的重视，山西是个文化大省，十分重视民间文化的传承和民间艺术家的培养，能够通过相关政策和具体举措将非物质文化遗产传承工作落到实处。

五、您如何看待晋绣文化进校园、进社区？您做过哪些工作？

武俊敏：晋绣文化更需要不断地创新和发展。作为非遗传承人，我有义务和责任积极参与到非遗文化的保护与传承工作中。我认为促进晋绣文化进校园不仅是为了宣传刺绣传统文化，更是希望当代年轻人能够保持一种专注、坚持、勤奋和吃苦耐劳的精神。对于非遗文化进校园活动，我的工作室根据幼儿园、小学、初中、高中和职高等不同层次和不同年龄段的学生，设计了不同的非遗文化研学课程。2020年，山西省教育厅和文旅厅组织了晋派工艺进校园的活动，我被纳入晋派体系成员。我还积极参加非遗文化进社区活动，提高了更多民众对刺绣文化的认知度和层次。许多社会人士和学生慕名而来拜我为师学习刺绣工艺。现在的社会是技能社会，倡导大国工匠和工匠精神，对于刺绣非遗文化宣传工作，我充满了激情、自信和自豪。

六、您对培养传承人是如何打算的？

武俊敏：因为我孙女具有很高的刺绣天赋，并且也非常喜欢刺绣，所以我是把我孙女当作第五代"武氏绣法"传承人去培养的。我对她未来发展是有一定的规划的。一方面就是让她多熏陶一些相关艺术文化，平时我们会专门去一些地方博物馆，不仅是参观了解刺绣文物的文化艺术及时代特征，还有其他文物的历史元素、图案元素和结构设计元素等。另一方面，我也买了许多刺绣艺术相关的专业书籍，让孙女系统了解一些刺绣相关的理论知识。这样做不仅不会影响孙女的日常学习，而且还能提高她的思维活力，提高学习效率，以后她要报考大学的时候，我会建议她选择纺织类专业。

武氏绣法传承着三晋文化，见证着华夏文明，记录着壮丽辉煌的中国历史，是中华民族个性和民族审美习惯"活"的显现。武氏绣法非物质文化遗产具有历史性、民俗性与美学性等价值，是民族精神和创作的源泉，是无与伦比、不可再生的文化资源。挖掘历史、关注当代、传承未来是武氏绣法义不容辞的责任与使命。

第八章

民间绣活（娄烦刺绣）

娄烦刺绣，晋绣之瑰宝，其源远流长，可追溯至明清时期。2021年5月，娄烦刺绣被列入市级非物质文化遗产代表性项目名录（图8-1）。2023年2月，娄烦刺绣被列入山西省第六批省级非物质文化遗产代表性项目名录，名录类别为传统美术类（表8-1），标志着其在娄烦传统文化中的重要地位，同时成为展现娄烦地区历史、民间文化及风俗人情的重要载体。2020年8月，传承人尹艾风被认定为娄烦刺绣的市级代表性传承人，同时尹艾仙、李玉香、尹爱梅、高奴平被认定为县级代表性传承人，共同肩负起传承与发扬这一传统技艺的重任。2023年10月，尹艾风被认定为省级代表性传承人，同年，娄烦县雪梅刺绣坊被评选为省级非物质文化遗产代表性项目"民间绣活（娄烦刺绣）"保护单位（图8-2）。

表8-1　项目简介

名录名称	民间绣活（娄烦刺绣）
名录类别	传统美术
名录级别	省级
申报单位或地区	太原市娄烦县
传承代表人	尹艾风

图8-1　娄烦刺绣技艺太原市市级非遗证书

图8-2　民间绣活（娄烦刺绣）山西省级非物质文化遗产代表性项目证书

第一节　起源与发展

一、娄烦刺绣的起源

娄烦刺绣的起源与当地的社会经济和文化发展密切相关。明清时期，随着手工业的兴起和商业的繁荣，刺绣作为一种手工艺，逐渐在民间流行开来。娄烦地区地处中原与北方民族的交会地带，多种文化的交融为刺绣艺术的发展提供了丰富的土壤。在不断演进中，娄烦刺绣技艺在娄烦县广泛流传，涵盖了从日常用品到结婚用品的各类精美刺绣作品。在娄烦的传统习俗中，婚嫁仪式上，新郎家会在婚床上摆放众多手工绣制的鞋垫，以花朵图案排列，寓意美好；新娘则将新绣制的鞋垫作为陪嫁，以表达对婚姻生活的祝福。此外，为儿童制作的刺绣虎头鞋、虎头帽等，通过精细的针线工艺，将图案绣于衣帽之上，成为人们情感交流的美好载体。

二、娄烦刺绣的发展

娄烦刺绣的代表性传承人尹艾风的刺绣技艺源自其祖母与母亲的传授，至今已有三十多年的经验了。起初，她遵循娄烦的传统，将刺绣手工艺品作为婚礼和祝福的礼物。2015年，尹艾风与她的两位妹妹尹艾仙、尹爱梅共同创立了雪梅绣坊。自2017年起，尹氏姐妹通过微信朋友圈、快手、抖音等社交媒体平台分享其刺绣作品，吸引了广泛关注。同年，她们开始尝试直播带货，并于2019年2月正式入驻娄烦县电商服务中心，同时成立了公司。

随着雪梅绣坊规模的扩大，尹氏姐妹开始对愿意学习刺绣的农村妇女提供免费培训，通过手把手的教学，传承娄烦刺绣这一优秀的非遗手工技艺。新冠肺炎疫情期间，线下活动受限，尹爱梅通过线上平台进行刺绣教学，她的直播课程吸引了十几万人参与，不仅帮助绣坊在特殊时期继续传承技艺，也扩大了娄烦刺绣的影响力。被培训的对象多为30~40岁的妇女，许多接受培训的绣娘学会之后就转为专职刺绣工作。截至2024年7月，尹氏姐妹已带动了80余户贫困户，300多人，人均增收4500元以上，累计增收130余万元。几年来，雪梅绣坊通过线上销售，年营业额最高达到100万余元，帮助500多名绣娘实现了在家工作的梦想。

近年来，尹氏姐妹还积极参与各类非遗活动、工艺比赛、美术展览等，开展刺绣培训，推广非遗文化，同时在各类比赛中获得多项奖项。这些活动不仅提升了技艺，宣传了非遗文化，也增加了人们对娄烦刺绣的了解，提升了其在全市乃至全省的影响力（图8-3~图8-10）。

图8-3　娄烦县雪梅绣坊传统技艺刺绣培训班

图8-4　尹艾风、尹艾仙、尹爱梅参加建党百年娄烦县圆梦小康非遗成果展

图8-5　尹艾风、尹艾仙参加全国非遗工坊带头人培训

图8-6　尹艾风、尹艾仙在三八妇女节展示展销刺绣作品

图8-7　尹艾风、尹艾仙、尹爱梅作品《政通人和灯笼》获太原市首届《妇乐坊》项目和作品双金奖

图8-8　尹艾风、尹艾仙参加雪梅绣坊非遗工坊成果展

图8-9　尹艾风、尹艾仙参加第三届山西非遗博览会

图8-10　尹艾风、尹艾仙参加2023年非遗品牌大展

尹艾凤不仅致力于绣坊的持续发展，还对娄烦刺绣的传承进行了长远规划，制订了为期五年的发展蓝图（表8-2）。该规划全面涵盖了娄烦刺绣技艺的传承、雪梅绣坊生产规模的扩展、新一代非物质文化遗产代表性传承人的培育，以及对娄烦刺绣历史渊源的系统整理与深入探索等多个方面。如今尹艾凤已成功引领绣坊实现了规划中所设定的多数目标，并且正稳步推进。

表8-2　娄烦雪梅绣坊五年规划

时间	具体措施	预期目标
2021年	传统刺绣艺术技能培训广泛开展	使古老而传统的刺绣艺术打下扎实的群众基础，累计培训总人数达到2000人
2022年	扩大生产规模，在娄烦县三元村打造娄烦刺绣生产基地（2022年6月基地已建成投产）	提高刺绣产品产能，规模化、集约化初步形成，年产值目标200万元
2023年	培养高端的非遗传承人才，刺绣文化传承，新品研发资金及人力投入	在大批培训学员的基础上，选拔学徒，培养出涵盖省、市、县三级的非遗传承人10人；研发资金投入达到50万元，新品研发数量达到20种以上
2024年	进一步挖掘晋绣的历史渊源，整理刺绣题材和作品；在太原市举办首届刺绣作品交易博览会，推动刺绣产业化进程	举办一次刺绣交易博览会，范围涵盖太原市10个县（区、市）
2025年	在太原市举办第二届作品交易博览会，邀请全省其他县区刺绣从业组织、人员参加，把娄烦打造成全市闻名、全省知名的"刺绣之城"	做大娄烦刺绣产业，做出刺绣影响力，将刺绣打造成娄烦县对外宣传的一张亮丽名片

尹艾凤凭借其对娄烦刺绣的热爱、执着和努力传承和创新的成果，受到社会认可，并屡获殊荣，曾被授予"电商致富带头人"和"优秀讲师"等荣誉称号。2015年，尹艾凤在第二届山西省职业技能大赛刺绣项目中荣获三等奖；2019年三八妇女节，尹艾凤因其在脱贫工作中的杰出贡献，荣获娄烦县"最美巾帼脱贫领先"荣誉称号；同年12月，她参与了全国助农活动直播带货，并在全国扶贫南京展览会和首届山西工艺美术产品博览交易会上展示了她的文创作品；2020年，尹艾凤参加了太原理工大学举办的山西省非物质文化遗产代表性项目代表性传承人刺绣类培训班，进一步提升了她的刺绣技艺；同年10月，她创作的《结婚情侣龙凤拖鞋》在首届山西工艺美术产品博览交易会上荣获"太行杯"文创铜奖；2020年11月，在山西省第二届职业技能大赛中，尹艾凤再次荣获刺绣项目三等奖；2021年7月，在建党100周年太原市百万职工聚焦"六新"助力转型职工职业技能大赛暨第十二届职工职业技能竞赛——2021年太原市工美类大赛中，尹艾凤荣获第三名及"特别金奖"；2021年10月，在太原市妇联首届"妇乐坊"手工艺创业创新比赛中，她的作品荣获金奖；2021年12月，尹艾凤荣获"太原市第四届工艺美术大师"称号；同年，在第二届"印记太原"文化创意设计大赛中，她的作品《结婚绣品系列》荣获非遗礼物类铜奖；2021年，尹艾凤获得娄烦县"最美绣娘"称号（表8-3）。

表8-3　传承人尹艾风所获部分荣誉

时间	荣誉名称	颁奖单位	证书展示
2019年9月	2019年手工刺绣专业技能培训优秀教师	娄烦县电商服务中心	
2019年11月	《娄烦县电子商务进农村综合示范项目创业培训第二期》优秀讲师	娄烦县工业和信息化局	
2020年10月	作品《结婚情侣龙凤拖鞋》获得"太行杯"文创奖铜奖	山西工艺美术产品博览交易会组委会	
2021年6月	太原市非遗工美类竞赛选拔赛一等奖	太原市"六新"职业技能竞赛晋源赛区组委会	
2021年7月	作品《不忘初心　牢记使命》被"六新"助力转型职业技能竞赛晋源赛区组委会收藏	太原市"六新"职业技能竞赛晋源赛区组委会	
2021年8月	作品《结婚肚兜》获"华夏古文明·山西好手艺"山西传统工艺主题展银奖	山西省民间工艺美术家协会	

时间	荣誉名称	颁奖单位	证书展示
2021年8月	作品《手工刺绣枕头》获"华夏古文明·山西好手艺"山西传统工艺主题展铜奖	山西省民间工艺美术家协会	
2021年12月	获得太原市"六新"助力转型暨第十二届职工职业技能竞赛晋源赛区工美第四名，荣记三等功	太原市劳动竞赛委员会	

传承人尹艾仙，1982年生人。2015年，尹艾仙在第二届山西省职业技能大赛"刺绣工"项目中荣获三等奖，并获得了讲师证和优秀讲师证。2019年三八妇女节，尹艾仙参与了由县妇联组织的太原刺绣作品展览。同年，她的作品在县电商服务中心组织的活动中，分别在县牡丹园和太原博物馆展出。2020年，尹艾仙参加忻州古城第二届非物质文化遗产博览会，并参与了全国助农活动直播带货。在同年举办的全国扶贫南京博览会和首届山西省工艺美术产品博览交易会上，她的文创作品——手工鞋垫和拖鞋，分别获得了铜奖和优秀奖，以及荣誉证书。2020年，尹艾仙还参加了太原理工大学举办的山西省非物质文化遗产代表性传承人培训班，进一步提升了她的刺绣技艺和文化传承能力。2021年12月，尹艾仙荣获"太原市第四届工艺美术大师"称号。2021年8月，在"华夏古文明·山西好手艺"山西传统工艺主题展中，她的两件参赛作品分别获得了银奖和优秀奖（表8-4）。

表8-4　传承人尹艾仙所获部分荣誉

时间	荣誉名称	颁奖单位	证书展示
2019年9月	2019年手工刺绣专业技能培训优秀教师	娄烦县电商服务中心	
2019年11月	《娄烦县电子商务进农村综合示范项目创业培训第二期》优秀讲师	娄烦县工业和信息化局娄烦电商服务中心	

时间	荣誉名称	颁奖单位	证书展示
2020 年 10 月	作品《复古枕头》获"太行杯"文创奖优秀奖	山西工艺美术产品博览交易会组委会	
2020 年 10 月	获"神工杯"刺绣职业技能大赛优秀奖	山西省工艺美术职业技能大赛组委会	
2020 年 11 月	荣获第二届全省职业技能大赛——刺绣项目三等奖	第二届全省职业技能大赛组委会	
2021 年 7 月	作品《百年大党 风华正茂》被太原市百万职工聚焦"六新"助力转型职业技能竞赛晋源赛区组委会收藏	太原市百万职工聚焦"六新"助力转型职业技能竞赛晋源赛区组委会	
2021 年 7 月	2021 年太原市非遗工美竞赛（决赛）中荣获特别金奖	太原市百万职工聚焦"六新"助力转型职业技能竞赛晋源赛区组委会	
2021 年 8 月	作品《花开富贵枕头》荣获"华夏古文明·山西好手艺"山西传统工艺主题展银奖	山西省民间工艺美术家协会	
2021 年 8 月	作品《结婚盖头》荣获"华夏古文明·山西好手艺"山西传统工艺主题展银奖	山西省民间工艺美术家协会	

时间	荣誉名称	颁奖单位	证书展示
2021 年 12 月	获得第四届太原市工艺美术大师称号	太原市人民政府	

传承人尹爱梅，1991 年生人。2015 年，作品《花开富贵》鞋垫获"太行杯"文创奖铜奖。同年，在第七届"神工杯"刺绣职业技能大赛中获优秀奖。2018 年，在山西省第二届全省职业技能大赛的刺绣工项目中获三等奖。2019 年，作品《结婚盖头　牡丹拖鞋》被太原市百万职工聚焦"六新"助力转型职业技能竞赛晋源赛区组委会收藏。2020 年，在全市百万职工聚焦"六新"助力转型暨第十二届职工职业技能大赛中荣获"优秀选手"称号。同年，作品《老虎帽》在"华夏古文明·山西好手艺"山西传统工艺主题展中获金奖，另一件作品《纯手工刺绣鞋垫》荣获铜奖（表 8-5）。

表 8-5　传承人尹爱梅所获部分荣誉

时间	荣誉名称	颁奖单位	证书展示
2020 年 10 月	作品《花开富贵》鞋垫获"太行杯"文创奖铜奖	首届山西工艺美术产品博览交易会组委会	
2020 年 10 月	荣获第七届"神工杯"刺绣职业技能大赛优秀奖	山西省工艺美术职业技能大赛组委会	
2020 年 11 月	山西省第二届全省职业技能大赛三等奖	山西省第二届全省职业技能大赛组委会	

时间	荣誉名称	颁奖单位	证书展示
2021年7月	作品《结婚盖头　牡丹拖鞋》被太原市百万职工聚焦"六新"助力转型职业技能竞赛晋源赛区组委会收藏	太原市百万职工聚焦"六新"助力转型职业技能竞赛晋源赛区组委会	
2021年7月	太原市第十二届职工职业技能大赛非遗类技能竞赛中获得"优秀选手"称号	太原市劳动竞赛委员会	
2021年8月	作品《纯手工刺绣鞋垫》获得"华夏古文明·山西好手艺"山西传统工艺主题展铜奖	山西省民间工艺美术家协会	
2021年8月	作品《老虎帽》获得"华夏古文明·山西好手艺"山西传统工艺主题展金奖	山西省民间工艺美术家协会	

第二节　风俗趣事

一、婚礼中的"幸福婚床"与"鞋垫嫁妆"

在娄烦地区，婚礼习俗与当地的刺绣艺术紧密相连。婚庆之际，男方家庭会在新房中精心布置一张象征幸福和谐的婚床，其中红色床单是不可或缺的元素，它代表着热烈与吉祥，传递着家人对新人的美好祝愿。更精巧的是，婚床上会摆放由长辈亲手绣制的鞋垫，这些鞋垫不但工艺精湛、图案精美，而且常被排列成花朵图案，以此表达对新人的美好祝福。

同样，女方家庭在婚礼准备中也扮演着重要角色。新娘的亲属，尤其是母亲或外祖母，会为新娘精心准备嫁妆，其中手工绣制的鞋垫尤为珍贵。新娘出嫁时，这些鞋垫会被庄重地放入专用箱中，随新娘一同送往男方家。到达后，男方家人会从箱中取出鞋垫，庄重地摆放在婚床上，这一仪式象征着两家对婚姻的重视和共同祝愿。

二、非遗刺绣与"新形式"的碰撞

尹艾风与尹艾仙在尝试网络直播时遇到了诸多挑战。在娄烦，刺绣品通常作为礼物互相赠送，但当这些手工艺品被展示在更广阔的平台上时，却引起了一些人的误解。有人认为，刺绣品不应被商业化，担心商业化会破坏传统习俗。然而，尹氏姐妹坚持认为，非遗文化的传承需要创新的形式和思路。通过直播，她们成功地将娄烦刺绣推向了更广泛的受众，这不仅为她们的劳动带来了回报，也有助于非遗文化的持续传播。

起初，直播间的观众对200元一双的手工鞋垫价格表示质疑，认为价格过高。尹艾仙解释称，手工缝制耗时费力，通常需要一周时间才能完成一双鞋垫。如今，随着人们对手工鞋垫中蕴含的匠心与价值的认可，雪梅绣坊采取了机器与手工相结合的生产方式，既满足了批量生产的需求，也为寻求个性化定制的客户提供了全手工服务，以满足不同消费者的需求。

三、孙书记与娄烦刺绣的发展故事

娄烦县的刺绣文化历经数代传承，但在现代化进程中迈出关键一步，得益于一位特殊的引路人——孙占伟书记。孙书记是文化和旅游部非物质文化遗产司传播处副处长，2018年10月，文化和旅游部选派孙占伟任山西省太原市娄烦县娄烦镇官庄村的驻村第一书记。在他的推动下，娄烦刺绣逐步实现了现代化转型。孙书记不仅提出了将娄烦刺绣申请为非物质文化遗产的建议，还为这一传统手工艺的发展制定了明确的战略规划，建议从鞋垫这一代表性产品入手，逐步推广。

2018年，孙书记在直播平台上偶然发现了尹艾仙的刺绣展示，意识到娄烦刺绣在文化和商业上的巨大潜力。他立即联系尹氏姐妹，提出了免费入驻娄烦电商E镇平台的提议。这一平台为娄烦刺绣提供了展示、销售和推广的线上空间，助力尹氏姐妹及其他绣娘将娄烦刺绣推向更广阔的市场。

在孙书记的指导下，娄烦刺绣从县级非遗项目逐步升级为市级，最终成为山西省第六批省级非物质文化遗产。这一过程不仅标志着娄烦刺绣的传承与复兴，也展示了娄烦文化从传统走向现代的重要步伐。孙书记还积极推荐尹氏姐妹参加各类文化旅游推介会和非遗推介会，为她们提供了展示技艺和传承文化的舞台，进一步提高了娄烦刺绣的知名度和认可度。

在孙书记和尹氏姐妹的共同努力下，娄烦刺绣已从一个地方性的传统手工艺转变为备受瞩目的非遗品牌，并在数字经济时代找到了适合自己的发展新方向。

第三节　制作材料与工具

一、绣花针

绣花针是刺绣工艺最常用的工具（图8-11），用于缝制面料。

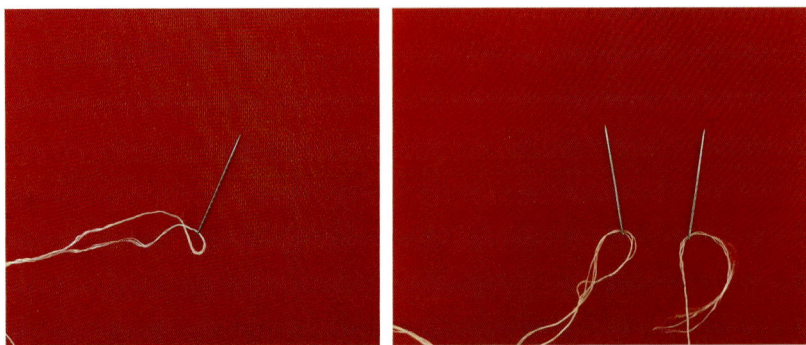

图8-11　绣花针

二、绣线

绣线是刺绣工艺的原料，绣线颜色的选择要依据作品的主题、作品所体现的意境来决定，如图8-12所示。

图8-12　绣线

三、绣架

绣架是用来固定绣布，使其保持平整，有助于绣工在稳定的布面上进行刺绣，避免布料起皱或移动，如图8-13所示。

图8-13 绣架

四、锥子

锥子用于在布料上开孔，特别是在需要刺绣较厚或特殊材质的布料时，使绣针更容易穿透布料，如图8-14所示。

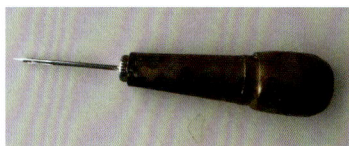
图8-14 锥子

五、顶针

顶针佩戴在手指上保护手指，尤其是当使用较细的针线或进行密集刺绣时，顶针可以减轻手指的压力，避免受伤，如图8-15所示。

图8-15 顶针

六、尺子

尺子在刺绣过程中用于测量图案的尺寸或布料的裁剪，确保刺绣图案的精确度和对称性，如图8-16所示。

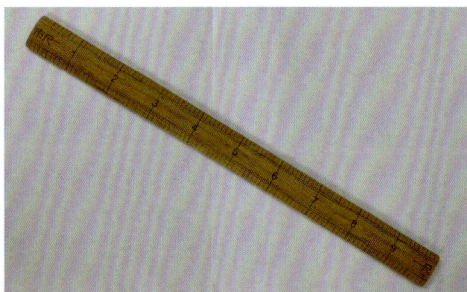
图8-16 尺子

七、剪刀

剪刀用来剪断刺绣线和修剪布料，确保刺绣作品的整洁和线条流畅。一般在刺绣过程中会根据用途选用合适的剪刀，如图8-17所示。

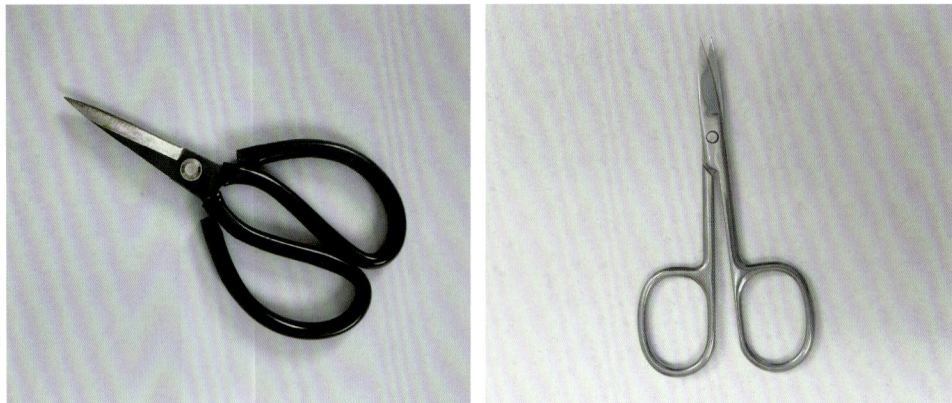

图8-17　剪刀

第四节　制作工艺与技法

娄烦刺绣的工艺流程精细而复杂，可划分为五个主要步骤：制浆、制底、制形、制样、刺绣。

一、制浆

制浆工艺采用多种天然面粉，依据传统经验进行配比混合。在与水调和的过程中，需精确控制力度，确保水与面粉充分融合。随后，将混合物倒入预热的铁锅中，持续翻搅以防粘锅，直至浆体呈现纯净透明的白色并开始冒泡，此时制浆完成。完成后需将浆液冷却备用（图8-18）。

图8-18　制浆

二、制底

　　制底步骤涉及将多层粗布通过制好的浆液黏合。在涂抹浆液时，需确保其均匀绵密，通过反复叠加粗布，直至其达到所需的厚度和紧致度。之后，将黏合好的布料置于通风处干燥超过10小时，以确保其完全固化（图8-19）。

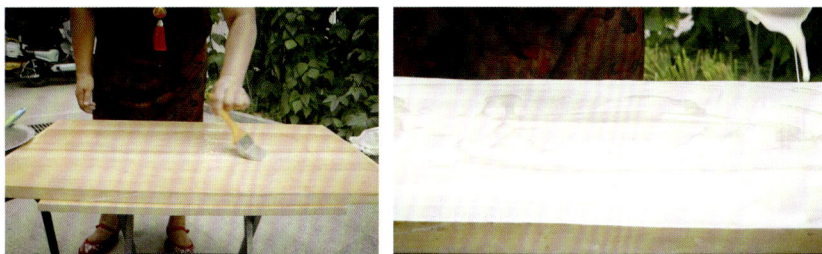

图8-19　制底

三、制形

　　在制形阶段，根据设计需求将制好的底料裁剪成形，随后进行上色和裱面。在底料上均匀黏合一层色彩鲜艳的布料，并精细处理边缘，最后将其放置于通风处干燥（图8-20）。

图8-20　制形

四、制样

　　制样过程中，用笔在裁剪好的布料上勾勒图案。这一步骤要求工匠对最终成品的样式和尺寸有清晰的认识和规划，以确保图案的精确性和美观性（图8-21）。

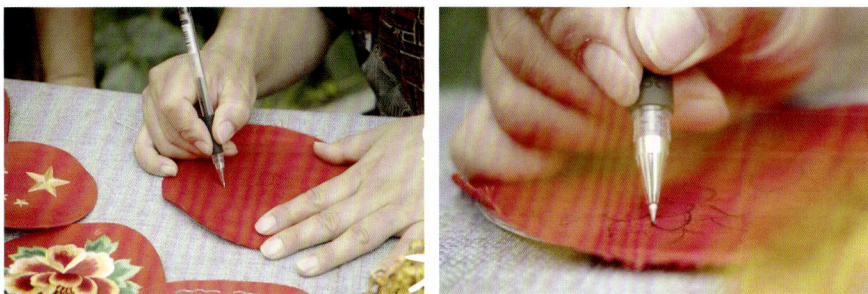

图8-21　制样

五、刺绣

刺绣是整个工艺流程中的最后一步，也是最为关键的一步。使用色彩丰富的线材，通过细致的针法，将图案逐渐呈现出来。这一过程要求极高的专注力和精湛的技艺，任何急躁或懈怠都可能导致作品质量的下降（图8-22）。

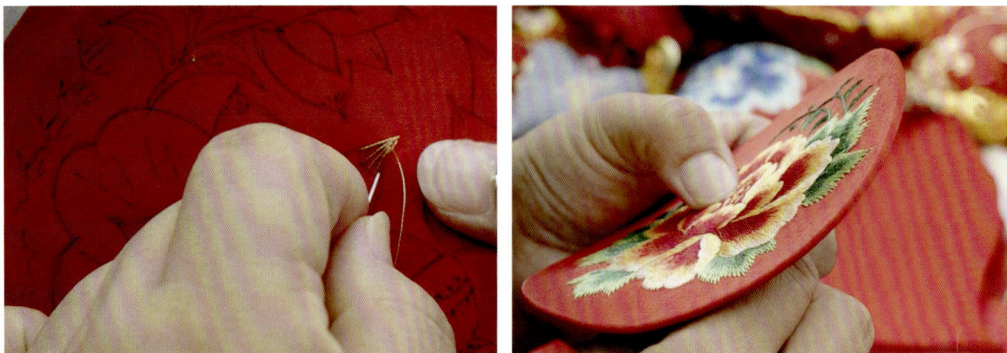

图8-22 刺绣

第五节 工艺特征与纹样

一、工艺特征

娄烦刺绣应用范围广泛，既可用于日常生活用品如鞋履、服饰、帽饰等的装饰，提升其实用性，也能创作成主题多样、尺寸不一的艺术作品，供人欣赏。娄烦刺绣常选用硬质布料进行创作，这种布料的特性要求刺绣者在刺绣过程中施加较大的力度，以确保针脚的穿透力和图案的立体感。在一些复杂的作品中，甚至需要在七八层布料上进行刺绣，以增强图案的立体感和视觉冲击力。

在色彩运用上，娄烦刺绣偏爱鲜艳的红、黄、绿色调，尤其是红与绿的搭配。这种鲜明的色彩对比和大胆的用色策略，不仅给人以强烈的视觉冲击，也体现了娄烦地区浓郁的地域特色和对喜庆文化的偏爱。

娄烦刺绣在针法上也表现出多样性，除主要的平针、齐针、密针等技术外，还采用长短针相套的技巧，并根据作品内容的不同需求灵活变化，与其他针法如拱针、打籽针等相结合，要求刺绣者对各种针法有深刻的理解和熟练的掌握，以便精准地表达作品的主题和神韵。

由于娄烦刺绣多在硬质布料上进行，其制作过程往往较为耗时耗力。例如，一双受欢迎的婚庆鞋垫的手工刺绣可能需要一周的时间来完成，而中等规模的绣品如结婚盖头则可能需要一个多月的精心制作。

二、纹样

娄烦刺绣的传统纹样以喜庆的花卉为主题，常见的花卉包括象征富贵繁荣的牡丹和象征纯洁高尚的荷花，其主题多围绕"花开富贵""双喜临门"等吉祥寓意展开。在鞋垫、手帕等日用品上，喜字、荷花、龙凤等图案频繁出现，反映了人们对美好生活的向往和祝福。此外，结合布艺的刺绣作品如布老虎、虎头鞋等，不仅具有实用性，也承载着丰富的民俗文化内涵。

尽管"花开富贵"和"双喜临门"等图案在多地广为流传，但娄烦刺绣通过其独特的地方风格，赋予了这些经典纹样新的生命力。其作品在构图上追求独特与创新，色彩鲜艳大胆，线条流畅自然，整体风格既保留了传统韵味，又充满现代活力。这种独特的美感，不仅是手工艺技术的展示，也是娄烦地区传统文化的传承与创新的体现。

在传承的基础上，娄烦刺绣艺人们也不断探索创新。例如，尹氏姐妹在龙年创作了龙头帽等创新题材的刺绣作品，并推出了《龙腾盛世》等龙年主题作品（图8-23）。在建党一百周年之际，尹艾凤以红色文化为灵感，创作了具有娄烦刺绣特色的庆祝作品，通过细腻的针法和丰富的色彩，表达了对党的热爱与崇敬。这些创新实践不仅丰富了娄烦刺绣的内涵，也使其在当代文化语境中焕发出新的光彩。

图8-23　《龙腾盛世》

203

第六节　作品赏析

雪梅绣坊的刺绣作品主要分为三大类别：婚庆系列、婴儿系列及创意作品系列。

一、婚庆系列

雪梅绣坊最初销售的产品为婚庆鞋垫，这些鞋垫承载着娄烦地区对新婚夫妇的美好祝愿，绣有各种象征吉祥如意的图案。这些图案由长辈传递给晚辈，象征着家族的传承与关爱。鞋垫的图案主题广泛，融合了丰富的中国传统纹样与创新设计，利用色彩鲜艳的丝线，强调喜庆和祥和的氛围，常见图案包括"花开富贵""紫气东来""十全十美""鸿运当头""双喜临门""吉祥如意""恩爱""百年好合"等（图8-24～图8-39）。

图8-24 花开富贵
（一）

图8-25 花开富贵
（二）

图8-26 紫气东来
（一）

图8-27 紫气东来
（二）

图8-28 十全十美
（一）

图8-29 十全十美
（二）

图8-30 十全十美
（三）

图8-31 鸿运当头

图8-32 双喜临门
（一）

图8-33 双喜临门
（二）

图8-34 双喜临门
（三）

图8-35 吉祥如意

图8-36 恩爱

图8-37 百年好合

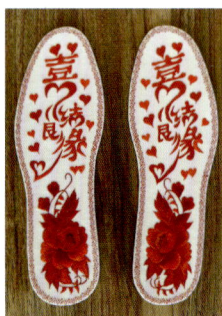

图8-38 喜结良缘

图8-39 新郎新娘喜
拜花堂

此外，花卉纹样也是常见的图案，如牡丹、梅花、兰花、杏花、郁金香等（图8-40～图8-47）。

   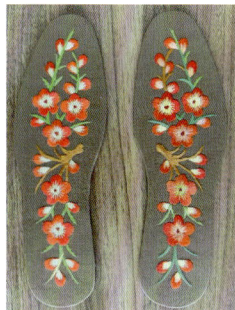

图8-40　牡丹（一）　　图8-41　牡丹（二）　　图8-42　如意牡丹　　图8-43　一枝红梅

  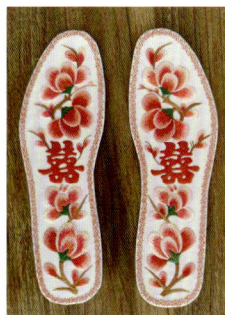 

图8-44　傲雪寒梅　　图8-45　梦中的兰花花　　图8-46　喜杏　　图8-47　郁金香

喜庆和吉祥的动物图案，包括爱情鸟、凤凰、龙、蛇、鸳鸯等，也频繁出现在刺绣鞋垫上（图8-48～图8-54）。

 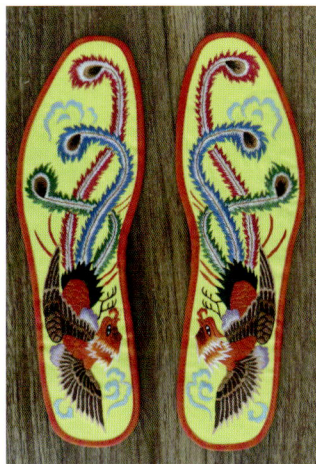 

图8-48　爱情鸟　　　　图8-49　凤凰（一）　　　图8-50　凤凰（二）

图8-51 龙凤呈祥

图8-52 生肖蛇
（一）

图8-53 生肖蛇
（二）

图8-54 鸳鸯戏水

二、婴儿用品系列

在婴儿用品系列中，雪梅绣坊制作了各式虎头鞋、虎头帽等，这些作品遵循娄烦的传统习俗，新生儿降临时，赠送这些物品以表达祝福（图8-55~图8-57）。

图8-55 虎头帽

图8-56 虎头鞋（黑色）

图8-57 虎头鞋（红色）

三、创意作品系列

近年来，尹艾风积极参与多项非遗推广赛事和工匠比赛，创作了许多展现娄烦刺绣特色的作品。这些作品在各类比赛中获得了高度评价和认可，如《事事如意》荣获太原市非遗工美大赛特别金奖，《政通人和红灯笼》获得太原市首届"妇乐房"项目和作品双金奖，《中国红盖头》获得金奖，《一颗红心向着党》获得银奖等。这些成就不仅彰显了尹艾风的艺术才华，也推动了娄烦刺绣艺术的传承与发展（图8-58～图8-67）。

图8-58 《事事如意》
（太原市非遗工美大赛特别金奖）

图8-59 《政通人和红灯笼》
（太原市首届"妇乐房"项目和作品双金奖）

图8-60 《锦绣山西》
（太原市文化馆非遗工坊成果展）

图8-61 《西游文化在娄烦》
（太原市文化馆非遗工坊成果展）

图8-62 《大吉大利》（"印记太原"
文化创意设计大赛非遗工美类铜奖）

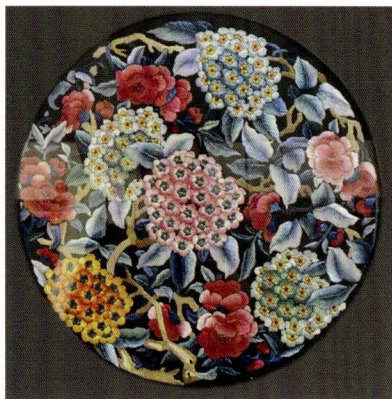

图8-63 《团圆美满》[乡村工匠
（刺绣）职业技能比赛铜奖]

图8-64 《凤穿牡丹》[乡村工匠
（刺绣）职业技能比赛金奖]

图8-65 《中华脸谱》[乡村工匠
（刺绣）职业技能比赛银奖]

图8-66 《中国红盖头》
（太原市非遗工美大赛金奖）

图8-67 《一颗红心向着党》
（太原市非遗工美大赛银奖）

第七节　传承人专访

为进一步深入研究并继承和创新娄烦刺绣，笔者进行了实地专访，尹艾仙女士代表尹氏姐妹接受了此次专访，以下是专访的主要内容。

一、您是如何踏上传承娄烦刺绣这项传统技艺之路的？

尹艾仙：我们的家族刺绣技艺自祖辈起便代代相传。我的祖母便是一位刺绣能手，母亲继承了她的技艺，如今，我们姐妹已是第四代传人。我和姐姐尹艾风投身刺绣多年，她拥有超过三十年的经验，而我也有二十年的从业经历。我们的孩子正在学习刺绣，他们将成为第五代传人。家族的刺绣技艺从未中断，我们一直在努力传承并弘扬娄烦刺绣这项传统技艺。

二、您姐妹在绣坊中是如何分工的？

尹艾仙：在雪梅绣坊的日常运营中，大姐主要负责整体管理工作，统筹绣坊的运营与生产。我作为二姐，主要负责市场拓展与销售，与外界对接并开发新的销售渠道。小妹则凭借其对互联网和电商平台的熟练操作，特别是直播技能，承担线上推广任务，以此提升绣坊的知名度。我们三人各司其职，共同推动雪梅绣坊的现代化与市场化发展。

三、在传承过程中，您有哪些难忘的经历？

尹艾仙：刺绣传承过程中有许多难忘的时刻。最令我感动的是，当我们帮助一些贫困妇女完成刺绣作品并成功销售后，她们因劳动获得收入而感到的喜悦和成就感。这种成功经验逐渐传播，激励了越来越多的当地妇女重拾针线，投身刺绣制作事业。

我们还通过抖音、快手等平台招募绣娘，为她们提供免费指导，直至她们的技艺达到一定标准。绣娘们可以在家接单制作，完成后交给我们统一发货，按工作量获得报酬。目前，与我们长期合作的绣娘已超过100人，这对当地就业，尤其是贫困群体就业，产生了显著影响。

四、在传承娄烦刺绣过程中有哪些创新？

尹艾仙：在传承过程中，我们进行了许多创新尝试。例如，在建党百年之际，我们创作了以"百年红心向党"为主题的刺绣作品，表达对党的忠诚与敬意。2024年是龙年，我们围绕这一主题设计了《龙行大运》等作品。此外，我们还结合端午节等节庆文化，创作了粽子等主题的刺绣作品。

五、您是如何培养下一代传承人的？

尹艾仙：培养下一代传承人主要依靠口传心授的方式。我们从基础的画图教起，按照设计理论手册，手把手地指导，让他们逐步掌握刺绣技艺。我们的孩子们也积极参与传承工作，姐姐的孩子已大学毕业并正式参与刺绣事业，我的孩子虽在读书，但假期也会帮忙，逐步了解和学习刺绣相关知识与技艺。

六、您认为娄烦刺绣在当今社会的主要价值是什么？

尹艾仙：娄烦刺绣在当今社会的主要价值在于其不仅延续和传承了古老技艺，还受到群众喜爱，得以广泛传播。我们希望将这门技艺传递给更多人，尤其是本地居民，他们通常具备扎实的基本功底。通过免费培训和指导，让他们能够快速上手，并在刺绣道路上持续发展。

此外，娄烦刺绣为当地妇女提供了增收途径。许多家庭主妇通过刺绣丰富了生活，获得了经济收入。她们在完成作品时感到自豪，作品售出时，这种成就感得到了实际回报。因此，娄烦刺绣在文化传承、经济发展和群众生活改善方面都具有重要价值。

七、您感觉娄烦刺绣在当地的传播程度如何？

尹艾仙：目前，娄烦刺绣在当地的传播程度已显著提升。过去，由于消费水平较低，刺绣作为耗时费力的手工艺品，定价较高，难以被接受。然而，随着我们的不断努力，群众逐渐认识到刺绣的复杂性和价值，接受度明显提高，刺绣文化的普及效果良好，对当地产生了积极影响。

八、当地政府对娄烦刺绣的保护出台了哪些政策措施？

尹艾仙：当地政府为保护和推广娄烦刺绣，出台了一系列支持措施。政府定期举办文旅推介会、非遗工匠比赛等活动，并邀请我们积极参与。这些活动不仅提供了展示娄烦刺绣技艺和作品的机会，还促进了与其他非遗项目的交流与学习。政府的这些举措为娄烦刺绣的传承和创新提供了宝贵的机会与平台。

九、您认为娄烦刺绣面临的主要问题有哪些？

尹艾仙：娄烦刺绣面临的主要问题包括资金不足、从业者艺术修养需进一步提升、人才短缺等。传承和推广这一古老技艺需要更多资金支持。我们还需要到高校或其他专业机构学习，提升技艺水平和艺术素养。此外，随着订单量的增加，人手不足成为亟须解决的问题，扩展生产规模，吸引和培养更多绣娘变得非常重要。

十、您对娄烦刺绣的未来有什么愿景和规划？

尹艾仙：我们已制定了一个为期五年的发展规划，正逐步实现既定目标。规划包括培养高端刺绣传承人、打造品牌形象、在省城举办刺绣博览会等。我们希望未来能汇聚山西省乃至全国的优秀刺绣大师，与更多刺绣大师交流学习、共同进步。实现这些愿景需要持续努力，但我们对娄烦刺绣的未来充满信心。

山西省纺织类经典非物质文化遗产

［1］ 高崑嵩.视觉符号系统下的黎侯虎［J］.山西师大学报（社会科学版），2011，38（S4）：119-121.

［2］ 杨恩举.布艺黎侯虎的艺术特征及其传承发展［J］.山西档案，2017（5）：153-155.

［3］ 郝沛沛.传统长治堆锦的特征与发展研究［J］.艺术科技，2018，31（5）：67.

［4］ 曾圣舒.上党堆锦：丝绸锦缎堆出的"立体国画"［OL］//锦绣沧桑：走进纺织非遗系列报道（四）堆锦［2024-08-30］.www.taweekly.com/ylyfx/201408/t 20140806_1801256.html.

［5］ 成晓敏，刘瑛.上党堆锦工艺的美学分析及应用创新［J］.湖南包装，2023，38（4）：162-164，180.

［6］ 丙宸.精美绝伦的上党堆锦制作工艺［J］.科学之友，2013（4）：24-27.

［7］ 高平绣活，舞动指尖绣出红火年味［OL］.［2024-11-04］.https://www.sxgp.gov.cn/xwzx_358/wjsd_1324/202301/t20230125_1736864.shtml.

［8］ 聚焦文博会｜用新意守"艺"，晋城非遗"活"起来！［OL］.［2024-11-04］.https://www.sxgp.gov.cn/xwzx_358/jcdt_363/202405/t20240527_1988009.shtml.

［9］ 山西如何用一床婚被，重塑潞绸辉煌文化？［OL］.［2024-05-11］.https://baijiahao.baidu.com/s？id=1784593332926862499&wfr=spider&for=pc.

［10］ 高平潞绸［OL］.［2024-08-15］.高平市人民政府网.

［11］ 多彩山西：潞绸手工织造技艺［OL］.［2024-06-15］.https://baijiahao.baidu.com/s？id=1633842276984774899&wfr=spider&for=pc.

［12］ 芦苇.潞绸技术工艺研究与传承［M］.太原：安徽科学技术出版社，2023.

［13］【根脉·溯源】非遗宣传普及——国家级项目：惠畅土布制作技艺.

　　　　［OL］．［2024-3-15］．https: //www.sohu.com/a/699285538_121106854.

［14］手工土布"织就"多彩乡村［OL］．［2024-05-13］．https: //baijiahao.
　　　baidu.com/s? id=1753021647232244686&wfr=spider&for=pc.

［15］记山西省永济市东开张村党支部书记兼村委会主任佘艳平．［OL］．
　　　［2024-05-13］．http: //dangjian.people.com.cn/n/2013/0801/c117092-
　　　22412020.html.

［16］永济东开张：一片写满红色记忆的土地．［OL］．［2024-05-13］．https: //
　　　www.163.com/dy/article/GD1H1EBU05509SC2.html.

［17］织布．［OL］．［2024-05-13］．百度百科．

［18］鹳雀楼．［OL］．［2024-05-13］．百度百科．

［19］黄河铁牛．［OL］．［2024-05-13］．百度百科．

［20］襄垣县人民政府．历史变革［OL］．［2024-05-13］．http://www.
　　　xiangyuan. gov. cn/zj xy/xygl/lsbg/.

［21］文旅中国．山西省级工艺美术大师和非物质文化遗产代表性项目
　　　代表性传承人学历班开课［OL］．［2024-06-06］．https: //baijiahao.
　　　baidu. com/s? id=1688389003530819556&wfr=spider&for=pc.

［22］宋江云．申纪兰的多重符号［OL］．［2024-05-01］．http: //finance.
　　　sina. com. cn/roll/20120319/193911628832. shtml.

［23］太原"武氏绣法"传承人武俊敏：非遗晋绣绘华彩［OL］．［2024-
　　　09-12］．https: //baijiahao. baidu. com/s? id=1782581922584459929&
　　　wfr=spider&for=pc.

［24］传承古老技艺，绣制岁月流年！何为融汇域外风情的绣法？［OL］．
　　　［2024-10-10］．http: //k.sina.com.cn/article_7517400647_1c0126e4705
　　　9014l1j.html.

［25］【传统技艺】晋绣（武氏刺绣）（山西省）传承人：武俊敏［OL］．
　　　［2024-11-06］．https: //www.feiyiw.cn/mobile/index.php? act=view&
　　　app=article&article_id=37714.

［26］非遗"武氏绣法"传承人为古老技艺融入时代元素［OL］．［2024-

213

08-10].https://m.163.com/v/video/VLVGA14SC.html.

[27] 刘明芳，邵同诚，刘淑强，等.山西晋绣的地域艺术特征探究[J].山东纺织科技，2018，59（4）：40-43

[28] 李明娟.山西鞋垫刺绣的艺术特色[J].大舞台，2014（8）：223-224.

[29] 栗美霞.激活非遗，带动三晋乡村"旺"起来[N].山西经济日报，2023-12-04.

山西省纺织类经典非物质文化遗产